YEREVAN

Marianna Deinyan
Anna Aridzanjan

Marianna Deinyan
Anna Aridzanjan

YEREVAN

DIE ARMENISCHE KÜCHE

Eine eindrucksvolle Reise
durch Land und Kultur

riva

Für unsere Mütter Eva und Satik,
ohne die dieses Kochbuch nicht möglich gewesen wäre.

INHALT

ÜBER UNS

Wenn es so etwas wie Gedankenübertragung gibt, dann haben wir sie am 23. Dezember 2019 erlebt, als Marianna beschloss, Anna per Nachricht von ihrer Idee zu berichten: ein armenisches Kochbuch auf Deutsch. Annas Antwort folgte nur wenige Minuten später: »Liebe Marianna, du hast keine Ahnung, wie sehr ich gelacht habe, denn ich hatte in den letzten Tagen fast dieselbe Idee!« Aus diesem Austausch wurde in den vergangenen vier Jahren »Yerevan«, unser gemeinsames Herzensprojekt.

Kennengelernt haben wir uns 2014 – über Twitter, wo sich zwar unzählige deutsche Medienmenschen tummelten, aber nur wenige armenische Wurzeln hatten, so wie wir. Wir verstanden uns auf Anhieb blendend. Wir beide sind in Armenien geboren. Wir beide sind als Kleinkinder nach Deutschland gekommen. Wir beide arbeiten heute als Journalistinnen.

Seit unserer Kindheit hegen wir eine innige Liebe für die armenische Küche, und mit dieser Liebe stecken wir – ganz nach dem Vorbild unserer Familien – auch unser gesamtes Umfeld an. Mit »Yerevan« wollen wir unsere Liebe und Begeisterung für die armenische Kochkultur jetzt mit noch mehr Menschen teilen.

Trotz unserer Herkunft hatten auch wir noch viel über die armenische Küche zu lernen, also stürzten wir uns für unser Buch in ausgiebige Recherchen. Während wir hier in Deutschland Kochbücher wälzten und uns durch das Internet, wissenschaftliche Aufsätze und Archive wühlten, wurde uns jedoch klar: Das reicht noch nicht. Als Journalistinnen ist es für uns selbstverständlich, die Dinge bis ins kleinste Detail zu hinterfragen und zu verstehen. Und so wollten wir unbedingt gezielt vor Ort recherchieren. Schließlich kann man nirgends authentischer in die armenische Küche eintauchen als in Armenien selbst.

Im Mai 2023 reisten wir also genau dafür in die armenische Hauptstadt Yerevan. Wir durften an Koch-Meisterkursen in den verschiedenen Regionen des Landes teilnehmen, die armenische Wein- und Käsekultur erkunden und natürlich fantastisch essen – ob nun hausgemacht bei unseren Familien oder in den Restaurants von Yerevan, Gyumri und am Sevansee.

In »Yerevan« stecken sowohl der Geschmack unserer Kindheit als auch für uns bis vor Kurzem kaum bekanntes Wissen über die armenische Küche. Wir wollen Sie mit diesem Buch zum Nachkochen köstlicher armenischer Gerichte inspirieren. Doch nicht nur das. Diese 84 Rezepte werden Ihnen Geschichten erzählen – über uns, unsere Kultur, unsere Vergangenheit, Gegenwart und Zukunft.

Wir wünschen viel Freude beim Lesen und Nachkochen!
Marianna Deinyan und Anna Aridzanjan

WORUM GEHT ES IN »YEREVAN«?

Ein armenisches Zuhause zu betreten, bedeutet automatisch, es Stunden später pappsatt und selig lächelnd zu verlassen, während man zum Abschied den theatralischen Ausruf hört: »Ba ban chkerar!« – »Du hast ja gar nichts angerührt!«

Nein, wir übertreiben nicht: Wer bei Armenier*innen zu Gast ist, bleibt wirklich niemals hungrig. Dabei spielt es keine Rolle, zu welcher Tageszeit Sie kommen, wie wohlhabend Ihre Gastgeber*innen sind oder wie gut Sie sich kennen. Mehr noch: Falls Sie in Armenien bei einer Ihnen völlig unbekannten Familie klingeln, um nach dem Weg zu fragen, werden Sie sich nur einen Augenblick später bei Kaffee und Tee in deren Wohnzimmer wiederfinden, während sich auf dem Couchtisch Tortenstücke, Süßgebäck, Bonbons, Pralinen, frisches Obst und Trockenfrüchte stapeln – extra für Sie. Und selbst wenn Sie höflich ablehnen: In der armenischen Esskultur gehört es zum guten Ton, einem Gast jede Köstlichkeit mehrfach anzubieten.

Gastfreundschaft und gutes Essen sind für Armenier*innen das größte Zeichen der Zuneigung. Und während sie große Gesten und üppige Festmahle lieben, sind es bereits die kleinen Aufmerksamkeiten, die schon einen Unterschied machen: etwa der Teller mit frisch geschnittenem Obst, den Eltern ihren Schulkindern während der Hausaufgaben wortlos auf den Tisch stellen, oder die dampfend heiße Suppe mit Fleischklößchen und frischen Kräutern, die Großmütter ungefragt für ihre erkälteten Enkelkinder kochen.

Dass Liebe in Armenien durch den Magen geht, zeigen auch diverse armenische Phrasen und Redewendungen. Vokabeln wie »hamov« (»lecker«), »anush« und »kakhcr« (beides: »süß«) verwenden die Menschen nicht nur im Zusammenhang mit Essen, sondern fast gleichermaßen häufig als Kosewörter. Ausrufe wie »Utem kes« (»Ich will dich essen«) und »Jigyaret Utem« (»Lass mich deine Leber essen!«) mögen für Außenstehende sehr martialisch klingen. Für Armenier*innen sind sie jedoch gängige Redewendungen, um insbesondere Kinder mit Liebe zu überschütten. Und das sind nur einige wenige Beispiele für zahllose dieser Ausdrücke.

Für uns Autorinnen hat die armenische Küche einen hohen emotionalen Stellenwert. Als Töchter von armenischen Einwanderern im Deutschland der 1990er-Jahre war Essen für uns immer eine der wichtigsten Brücken zu unserer Kultur und Herkunft. Während der Zugang zur armenischen Literatur, Kunst oder Musik für uns nur begrenzt möglich war, hatten wir armenische Gerichte immer direkt vor unserer Nase: in den Küchen und auf den Esstischen unserer Kindheit. So konnten wir diesen Teil unserer Kultur verstehen, wertschätzen und ihn mit jedem zubereiteten Gericht bewahren. Für viele Menschen der armenischen Diaspora ist die armenische Küche aus diesem Grund ein elementarer, niedrigschwelliger und jederzeit zugänglicher Teil ihrer Geschichte und Identität.

Armenier*innen auf der ganzen Welt

Die armenische Diaspora, »Spyurk« genannt, macht heute den Großteil der weltweiten armenischen Bevölkerung aus. Es leben zwei- bis dreimal so viele armenische Menschen außerhalb Armeniens wie in Armenien selbst. Entstanden ist die Diaspora schon vor Jahrhunderten. Denn durch ihre besondere Lage im Armenischen Hochland wurden die Siedlungsgebiete der Armenier*innen schon seit ihren Anfängen von Kriegen und Invasionen heimgesucht. Als Folge davon begannen sich armenische Menschen zunächst in benachbarten Gebieten und später auch in entfernteren Regionen niederzulassen.

Neben Flucht und Vertreibung war auch der Handel armenischer Kaufleute ausschlaggebend dafür, dass überall auf der Welt armenische Gemeinschaften entstanden. In Deutschland zum Beispiel sollen sich ab dem 14. Jahrhundert erste Armenier*innen niedergelassen haben. Größere Gemeinschaften bildeten sich jedoch erst deutlich später.

Doch der Hauptgrund dafür, warum so viele armenische Menschen auf der ganzen Welt verteilt sind, ist der Genozid, den die jungtürkische Führung des Osmanischen Reichs ab 1915 an der armenischen Bevölkerung verübte. Etwa 1,5 Millionen Armenier*innen starben dabei. Überlebende flüchteten in alle Himmelsrichtungen und ließen sich vorrangig in Frankreich, der Sowjetunion, den USA, Syrien, Griechenland und dem Libanon nieder.

Dieses einschneidende, traumatische Ereignis prägt die armenische Identität und Kultur bis heute – auch die Esskultur. Ein Großteil der armenischen Gerichte ist geprägt von Flucht- und Migrationsbewegungen, die ihren Ursprung meist im Genozid von 1915 haben. Wer wissen möchte, welche Gerichte typisch für die armenische Küche sind, wird daher sehr unterschiedliche Antworten erhalten: Je nachdem, wen er eben fragt und wo diese Person lebt.

Ost- und westarmenische Küche

Seien es die Namen der Gerichte, ihre Aussprache, die Zutaten oder komplette Rezepte: Was Armenier*innen aus Armenien als armenisches Essen definieren, kann sich deutlich von dem unterscheiden, was Armenier*innen in der Diaspora als armenische Küche kennen.

Um diese Unterschiede besser zu verstehen, müssen wir in die Geschichte zurückblicken. Das historische Siedlungsgebiet der Armenier*innen ist das Armenische Hochland. Dieses umfasst nicht nur das Gebiet der heutigen Republik Armenien, sondern erstreckt sich über Teile in der heutigen Türkei, Georgien, Aserbaidschan, Iran und Syrien.

Bis zum Völkermord 1915 gab es im Osmanischen Reich sechs armenische Provinzen, zu denen Städte wie Kars, Mush, Van, Erzurum, Malatya oder Diyarbakir zählten. Diese Regionen wurden zu Zeiten des Osmanischen Reichs auch als Westarmenien bezeichnet. Ostarmenien wiederum stand vom 16. bis zum 19. Jahrhundert unter persischer Herrschaft; anschließend war es Teil des russischen Kaiserreichs; nach kurzer Unabhängigkeit von 1918 bis 1920 wurde es Teil der Sowjetunion, bis 1991 die heutige Republik Armenien gegründet wurde.

Nachfahren von Überlebenden des Genozids, die sich überwiegend in der Diaspora der USA, Frankreichs, Syriens und des Libanons befinden, verstehen daher unter armenischer Küche die Gerichte, die ihre Vorfahren im Osmanischen Reich zubereiteten. Diese westarmenischen Gerichte wurden selbstverständlich durch das frühere Zusammenleben im multiethnischen Osmanischen Reich geprägt und enthalten regionaltypische Zutaten wie Lammfleisch, Trockenobst oder Granatapfelkerne. Die westarmenische Küche ist jedoch auch eng mit dem Schicksal jener zumeist weiblichen Genozid-Überlebenden verbunden, die das Wissen über diese Gerichte trotz Krieg, Vertreibung, Massaker und Flucht bewahren konnten.

Eine weitere Besonderheit der westarmenischen Küche spiegelt sich in den Namen der Gerichte wider: Auch hier wird das Zusammenleben mit unterschiedlichen Ethnien im Osmanischen Reich sichtbar. Denn bis heute tragen einige Rezepte der armenischen Küche Namen, deren Ursprung nicht in der armenischen Sprache liegt. Eines von unzähligen Beispielen hierfür sind gefüllte Klößchen, die wahlweise mit Fleisch (»Ltsonats Kololak«, siehe Seite 145) oder vegan (»Vospov Kololak«, siehe Seite 149) zubereitet werden. Im Osmanischen Reich trugen die Fleischklößchen den Namen »Ishli Kyufta«, dessen Ursprung im Türkischen und Persischen liegt und den die Armenier*innen ebenfalls verwendeten. Das macht die Gerichte weder weniger armenisch, noch ist es als Beweis für die Urheberschaft der einen oder anderen Volksgruppe zu werten.

In der Küche der ostarmenischen Gebiete hingegen haben zuletzt über 70 Jahre Sowjetherrschaft ihre Spuren hinterlassen: Als eine der vielen sowjetischen sozialistischen Republiken wurde Armenien natürlich wie alle anderen Länder und Regionen der Sowjetunion von den russischen und osteuropäischen Küchen beeinflusst. Hinzu kam die sowjetische Planwirtschaft, die die Kochkultur Armeniens maßgeblich prägte: So verzehren die Menschen in Armenien seitdem statt Lammfleisch deutlich mehr Schweine- und Rindfleisch, weil das für die sowjetische Wirtschaft lohnender war.

»Armyanskaya Kulinariya«, ein Buch über die armenische Kochkunst, ist das umfassendste und am weitesten verbreitete armenische Kochbuch des 20. Jahrhunderts. Es wurde 1960 in Moskau herausgegeben, war auf Russisch verfasst und trug klar die kommunistische Handschrift jener Zeit. Die über 400 Rezepte (darunter ein Großteil traditionell armenische Gerichte) waren eng mit den Behörden in Moskau abgestimmt: Schließlich mussten die Zutaten für die gewöhnliche Sowjetbürgerin erhältlich sein. Auch die damals hochmoderne Vielfalt an süßen, sauren und salzigen Konserven sowie die haltbaren Fisch- und Fleischspezialitäten sollten in einem solchen Kochbuch im besten Licht dastehen. So verwundert es nicht, dass noch heute die meisten Familien in Armenien – besonders in den Städten – in ihrer Alltagsküche Zutaten, Methoden und Rezepte verwenden, die aus der Zeit der Sowjetunion stammen. Gerichte wie »Msov Nrpablit« (siehe Seite 93), »Aghtsan Olivier« (siehe Seite 55) oder »Kartofilov Karkandak« (siehe Seite 87) basieren auf sowjetischen Rezepten und sind heute Teil armenischer Alltagsküche – der Küche, mit der auch wir Autorinnen als gebürtige Yerevanerinnen aufgewachsen sind.

Die unterschiedliche Auffassung dessen, was nun zur armenischen Küche gehört und was nicht, wurde Armenier*innen vor allem Mitte des 20. Jahrhunderts deutlich. Nach dem Zweiten Weltkrieg startete die Führung Sowjetarmeniens eine große Kampagne namens »Mets Hayrenadartsutsyun«, was so viel wie »große Rückführung« heißt. Etwa 90 000 in der Diaspora lebende Armenier*innen, vorrangig aus dem Libanon, Iran, Ägypten und Syrien, siedelten nach Armenien um und stellten verdutzt fest, dass ihre Speisen kaum etwas mit der Alltagsküche des sowjetischen Armeniens zu tun hatten. Doch es sollte nicht lange so bleiben. Schnell erweiterten Gerichte der ursprünglich westarmenischen Küche, zum Beispiel »Lahmajo« (siehe Seite 89), die Esskultur Sowjetarmeniens.

Weltweit geschätzte armenische Gerichte

Trotz der regionalen Unterschiede zwischen west- und ostarmenischer Küche gibt es einige Dinge, auf die sich Armenier*innen aus aller Welt einigen können. Da wäre zum Beispiel das armenische »Lavash« (siehe Seite 30) – ein vielseitig einsetzbares, dünnes Fladenbrot. Dessen Zubereitung und Stellenwert in der armenischen Kultur hat die UNESCO im Jahr 2014 sogar in die Liste des immateriellen Kulturerbes aufgenommen. Traditionell wird Lavash im Erdofen (dem »Tonir«) gebacken. Je nach Holzart, die zum Anfeuern verwendet wird, nimmt das Brot ein anderes Aroma an. Lavash zu backen ist traditionell weibliche Teamarbeit: Zwei bis drei Frauen bereiten die Fladen vor, rollen den Teig hauchdünn aus, spannen ihn auf ein spezielles, mit Heu oder Wolle gefülltes Kissen und schlagen ihn damit in einer schnellen, kräftigen Bewegung an die Innenwand des Tonirs, wo er nach kürzester Zeit zu perfektem Lavash gebacken ist.

In Armenien konnten wir die alte Kunst des Lavash-Backens in einer Bäckerei in der Nähe von Garni ausprobieren. Die Bäckerinnen halfen uns beim Ausbreiten des Teigs, aber die wichtigste Aufgabe durften wir übernehmen: das Lavash in den Tonir zu befördern. Hierzu braucht man einerseits viel Kraft und Geschick, denn das Lavash-Kissen namens »Batat« oder »Rabata« ist etwa 50 bis 60 Zentimeter lang und ordentlich schwer. Es muss im richtigen Winkel in den Ofen geführt werden, da der Teig sonst vom Kissen rutscht.

Zudem braucht es starke Nerven. Die Glut im Inneren des Tonirs ist sehr heiß, und man muss sich relativ tief hineinbeugen. Diese extreme Hitze sengt innerhalb weniger Sekunden die Härchen des Unterarms ab.

Hat man diese Herausforderung jedoch bezwungen, ist nach nur wenigen Minuten das frisch gebackene, duftende Lavash fertig. Das schmeckt am besten, wenn man frische Kräuter und Käse oder das armenische Trockenfleisch »Apukht« (auch bekannt als »Basturma«) darin einrollt.

Lavash ist außerdem eine unverzichtbare Zutat in diversen Eintöpfen und Suppen wie »Khashlama« (siehe Seite 181) oder »Panr-Khash« (siehe Seite 98). Das Brot ist jedoch nicht nur ein Allrounder der armenischen Alltagsküche, es hat auch einen hohen symbolischen Wert: Frisch verheiratete Ehepaare bekommen bei ihrer Hochzeit frisches Lavash auf die Schultern gelegt – als Symbol für Fruchtbarkeit und Wohlstand.

An Ostern dienen getrocknete Lavash-Stückchen sogar als Hostie und werden in Gläser mit Rotwein gelegt – als Zeichen für Leib und Blut Christi.

Lavash im Tonir zu backen ist harte Arbeit. Deshalb findet diese Zubereitungsart heutzutage nur noch in entlegenen Dörfern, in speziellen Restaurants oder für Tourist*innen statt. Längst hat sich die industrielle Herstellung, wortwörtlich am Fließband, durchgesetzt. Doch auch dieses Lavash schmeckt köstlich.

Geprägt durch Migrationsbewegungen ist das kulinarische Angebot in Armenien über die Jahrzehnte immer vielfältiger geworden. Doch auch Kriege und Krisen trugen dazu bei. So wurden 2015 ethnische Armenier*innen aufgenommen, die vor dem Syrien-Krieg geflüchtet sind. 2020 wurden durch den Krieg in Bergkarabach Zehntausende Karabach-Armenier*innen vertrieben, die ebenfalls vorrangig in Armenien Zuflucht fanden, wo sie ihre regionale Küche weiter etablierten. Alle diese Einflüsse finden sich vor allem an einem Ort wieder: Yerevan.

Was Yerevan so besonders macht

Mit über 2800 Jahren gehört Yerevan zu den ältesten bewohnten Städten der Welt – und ist sogar ganze 29 Jahre älter als Rom. Das ist nur einer von vielen Superlativen, auf die Armenier*innen besonders stolz sind. Von ihrer antiken Geschichte ist in der Stadt jedoch nur noch wenig zu sehen: Einzig die Festung Erebuni, die Anfang des 8. Jahrhunderts v. Chr. auf einem Hügel errichtet wurde und von der sich der Name Yerevans ableiten soll, befindet sich noch heute im Süden der Stadt und dient als Freiluftmuseum.

Kond, das älteste bewohnte Stadtviertel der Hauptstadt, erinnert vage an das alte Yerevan, wie es bis zum Beginn des 20. Jahrhunderts aussah, bevor Armenien Teil der Sowjetunion wurde. Mit seinen verwinkelten Gassen und den kleinen uralten und wild zusammengewürfelten Einfamilienhäusern, die sich über einen der vielen Hügel mitten in der Yerevaner Innenstadt schlängeln, unterscheidet sich Kond extrem vom restlichen Stadtbild.

Es war der Architekt Alexander Tamanyan, der in den 1920er-Jahren Yerevan seinen architektonischen Stempel aufgedrückt hat. Er hat nicht nur ikonische Bauten wie das Regierungsgebäude am Platz der Republik oder das Opernhaus entworfen, sondern auch das Straßennetz der Stadt geplant. Für seine sowjetisch-modernistischen Entwürfe wurde überwiegend rosafarbener Tuffstein aus der Region verwendet, ein Gestein, das in dieser Farbgebung nur an wenigen Orten der Welt existiert. Deshalb trägt die Stadt auch den Beinamen »Pink City«.

Yerevans florierende Gastroszene spielt sich überwiegend im zentralen Stadtteil Kentron (armenisch für »Zentrum«) ab. Manche der hervorragenden Restaurants und Cafés befinden sich etwas versteckt in kleinen schattigen Hinterhöfen – den Weg zu ihnen kennen meist nur Insider. Aber dann gibt es auch Restaurant-Meilen wie die Tamanyan-Straße, wo sich liebevoll eingerichtete Lokale aneinanderreihen. Überdacht von Baumkronen, geschmückt mit Lichterketten und modernem Interieur, strahlt diese Straße eine ganz besondere, weltoffene und zugleich gemütliche Atmosphäre aus.

Die Tamanyan-Straße liegt direkt am Fuße der Cascade-Treppe – eine der wichtigsten Sehenswürdigkeiten der Stadt. Der riesige Treppenkomplex verbindet das Stadtzentrum mit den nördlich gelegenen Wohngebieten der Stadt. Es lohnt sich durchaus, die über 570 Stufen der Cascade zu erklimmen und dabei die zeitgenössischen Skulpturen aus der Cafesjian-Kollektion zu entdecken. Wem das zu anstrengend ist, der nimmt einfach die Rolltreppen im Inneren der Cascade, die zudem noch mehr moderne Kunst beherbergt.

Oben angekommen wartet ein fantastischer Blick über das Yerevaner Stadtzentrum. Bei klarem Wetter ist sogar der Berg Ararat zu sehen, das Nationalsymbol Armeniens, das heute auf dem Staatsgebiet der Türkei direkt an der gemeinsamen (jedoch geschlossenen) Grenze liegt.

VOSKEVAZ

Armeniens Weinkultur

In der Yerevaner Saryan-Straße kommen wiederum Weinliebhaber*innen voll auf ihre Kosten: Hier haben sich nicht nur einige der bekanntesten Weinbars der Stadt angesiedelt, seit 2017 finden hier auch jedes Jahr die »Yerevan Wine Days« statt. Auf diesem Wein-Festival präsentieren Hunderte armenische Hersteller drei Tage lang ihre Weine: Neben klassischen Rot- und Weißweinen aus endemischen Rebsorten sind auch Innovationen wie Fruchtweine aus Aprikosen, Quitten, Kirschen oder sogar Rosenwein dabei. Dazu bieten zahllose Stände armenisches Essen wie »Khorovats« (siehe Seite 171) oder »Jingalov Hats« (siehe Seite 83) an. Bands und DJs verwandeln die Straße für drei Tage in ein Open-Air-Festivalgelände, und sogar Familien mit kleinen Kindern tanzen, feiern und genießen das Fest bis spät in die Nacht.

Wein war zwar schon immer Teil armenischer Küche und Kultur, auch fest verbunden mit religiösen Riten und Festen. Es gibt im Armenischen sogar ein eigenes Wort, das den durch Wein verursachten Schwips beschreibt: »ginovtsats«, also »weintrunken«. Doch bis in die 2000er-Jahre war Armenien vor allem für seinen Weinbrand bekannt. Dessen Produktion wurde im 19. und 20. Jahrhundert gezielt hochgefahren, armenischer Wein hingegen geriet immer weiter in den Hintergrund. Zu Zeiten der Sowjetunion galt armenischer Brandy als beliebtestes Getränk der Diplomaten – auch Winston Churchill probierte ihn auf der Konferenz von Jalta. Er soll ihm so gut geschmeckt haben, dass er sich danach regelmäßig bis zu seinem Tod die teuersten Flaschen der armenischen Spirituose bestellt hat, heißt es.

Während der armenische Weinbrand (der zwar aufgrund der geschützten Herkunftsbezeichnung nicht Cognac genannt werden darf, in Armenien umgangssprachlich aber trotzdem so bezeichnet wird) also über Jahrzehnte hinweg das Statussymbol des Landes war, wurde Wein eher privat und pragmatisch konsumiert.

Das Jahr 2007 stellte jedoch einen Wendepunkt dar: In der Nähe des Dorfes Areni entdeckte ein armenisch-irisches Archäologenteam eine antike Weinproduktionsanlage mit Fässern, einer Weinpresse, Werkzeugen, Krügen und sogar Überresten der kultivierten Weintrauben. Eine wissenschaftliche Analyse ergab, dass die Fundstücke zwischen 4100 und 4000 v. Chr. hergestellt wurden. Damit gilt die gut 6000 Jahre alte Fundstätte als (Achtung, jetzt kommt noch ein Superlativ!) älteste Weinkelterei der Welt.

Mit diesen Ausgrabungen in der Höhle bei Areni setzte langsam ein Umdenken ein. Ausländische Investor*innen, meist Armenier*innen aus der Diaspora, sahen das große Potenzial Armeniens als Weinregion. Das lag auch in der einzigartigen geografischen Lage: So liegt Armenien mindestens 1000 Meter über dem Meeresspiegel (in der Region Vayots Dsor sogar über 1700 Meter), beherbergt fruchtbare, vulkanische Erde und zeichnet sich durch warmes, sonniges Klima aus. Optimale Voraussetzungen für den Anbau endemischer Traubensorten.

Der steigende Weinkonsum in Armenien beeinflusst auch die Esskultur. Käsereien arbeiten beispielsweise an innovativen Dessert-Käsesorten, die zum Wein gereicht werden können.

Die »Mikayelyan Family Farm« ist so eine Käserei. Unweit des Sevansees arbeitet das Familienunternehmen sowohl mit traditionellen armenischen Käsesorten als auch mit mitteleuropäischen Käserezepturen, um sie mit typisch armenischen Erzeugnissen und Zutaten zu versehen. Die Mikayelyans tunken Käse in armenischen Weinbrand oder Wein oder wickeln ganze Käselaibe in Weinblätter ein. Dabei entstehen einzigartige Aromen, mit denen sie den Käsemarkt Armeniens revolutionieren wollen. Yerevans Gastroszene vereint all diese Innovationen mit der jahrhundertealten armenischen Küche.

»Yerevan« ist mehr als ein Kochbuch

Genau aus diesem Grund trägt dieses Buch seinen Namen: Yerevan, die Hauptstadt der Republik Armeniens, die nach Jahrhunderten von Krieg, Besatzung und Völkermord nur noch einen Bruchteil des Gebiets abdeckt, in dem Armenier*innen über Jahrtausende gelebt haben. Yerevan, der Sehnsuchtsort für Millionen von Menschen in der Diaspora – auch für die, deren Wurzeln heute in Regionen liegen, in denen die Spuren ihrer Vorfahren bewusst zerstört oder dem Zerfall überlassen wurden. Yerevan, eine der wenigen verbliebenen Städte weltweit, in der die Kultur der Armenier*innen frei gelebt und ihre Geschichte bewahrt wird.

Denn auch das muss an dieser Stelle erwähnt werden: Armenische Identität, Sozialisation und natürlich auch Esskultur lassen sich nicht betrachten, ohne die Geschichte der Armenier*innen zu kennen – die ständige Fremdherrschaft durch benachbarte Mächte, die Verfolgung und der Völkermord im Osmanischen Reich, der Krieg um die Region Bergkarabach. Auch das wird Teil dieses Kochbuchs sein.

»Yerevan« ist deshalb weit mehr als eine reine Rezeptsammlung. Fast jedes Gericht erzählt einen Teil armenischer Geschichte. Wir tauchen ein in Armeniens simple Alltagsküche, stellen aber auch aufwendige Festtagsgerichte vor. Vegane und vegetarische Rezepte finden hier genauso ihren Platz wie Fleisch- und Fischgerichte. Westarmenische Spezialitäten mit Trockenobst und Kichererbsen folgen auf die zuckersüßen sowjetisch geprägten Torten der ostarmenischen Küche. Einflüsse des Nachbarlandes Georgien spielen genauso eine Rolle wie kulinarische Prägungen der Rückkehrer*innen aus dem Libanon, Syrien oder dem Iran.

Unsere Rezeptauswahl erhebt keinen Anspruch auf Vollständigkeit, aber das ist auch nicht das Ziel. Vielmehr soll »Yerevan« einen Überblick über die interessantesten, traditionellsten und vielfältigsten Geschmäcker unserer Küche geben. Die Kochbücher und Notizen unserer Mütter, ausgiebige Recherche (unter anderem vor Ort in Armenien) und natürlich unsere eigenen Präferenzen bilden die Basis für dieses Buch.

Wir wünschen viel Freude beim Zubereiten der Rezepte und vor allem: »Bari akhorjak!« – guten Appetit!

DIE WICHTIGSTEN BEGRIFFE DER ARMENISCHEN KÜCHE

»Achkachap«
Die wörtliche Übersetzung hierfür ist am ehesten »Augenmaß«, die wohl wichtigste Maßeinheit der armenischen Küche. In den besten und authentischsten armenischen Rezepten gibt es nämlich keine exakten Mengen- oder Gewichtsangaben. Stattdessen kochen und backen Armenier*innen nach Gefühl. Wir können gar nicht mehr zählen, wie oft unsere Mütter erwiderten: »De achkachapov!« (»Mit Augenmaß eben!«), wann immer wir fragten, wie viel Butterschmalz sie zum Anbraten der Zwiebeln nehmen oder wie viel Mehl für den »Gata«-Teig gebraucht wird. Allerdings funktioniert Achkachap nur mit ausreichend Erfahrung und Vorwissen. Daher haben wir die Rezepte natürlich ausgiebig getestet, um Ihnen genaue Mengen- und Zeitangaben an die Hand geben zu können. Ein Rat zum Schluss: Ihr eigenes Gefühl beim Ausprobieren der Rezepte sollten Sie natürlich trotzdem nicht ignorieren.

»Aghtsan«
Das armenische Wort für Salat ist »Aghtsan«, wörtlich übersetzt heißt das »gesalzen«. Falls Sie sich nun wundern: Das deutsche Wort »Salat« stammt (so wie das französische »salade«, das englische »salad« und das italienische »insalata«) vom lateinischen »sallita« ab, was ursprünglich ebenfalls »gesalzen« oder »eingesalzen« bedeutete. Das kommt daher, dass Salate ursprünglich Speisen mit Gemüse- und Kräutersorten waren, die mit Salz haltbar gemacht wurden.

Interessanterweise war das Wort »Aghtsan« in Armenien bis vor einigen Jahren gar nicht so geläufig, die Menschen haben dafür häufiger die russische Version verwendet. Kein Wunder, war Russisch doch rund 70 Jahre lang Amtssprache in Sowjetarmenien. Die damit einhergehende Russifizierung der Alltagssprache wirkte sich auch auf die kulinarische Sprache aus, und viele russische Vokabeln aus der Koch- und Esskultur wurden irgendwann wie selbstverständlich in armenische Sätze eingebaut. Erst ab den 2000er-Jahren begann man, die armenische Sprache wiederzuentdecken und gezielt auf die russischen Fremdbezeichnungen zu verzichten. Ein weiteres Beispiel hierfür ist der Begriff »Apur« für Suppe (siehe unten).

»Anush«
Die wörtliche Übersetzung dieses Begriffs ist »süß« oder »lieblich«, jedoch ist er ein wahres Multitalent der armenischen Sprache. »Anush« ist auch ein weit verbreiteter Frauenname sowie – mitunter verniedlicht zu »Anushik« – ein Kosename für Menschen, die man besonders süß, liebenswert oder schön findet. »Anush!« oder »Anush lini!« ist zudem ein Ausruf, mit dem man einer Person wünscht, sie möge das, was sie tut, genießen – sei es eine Mahlzeit, ein Getränk oder sogar ein entspannendes Bad.

»Apur«
Das armenische Wort für Suppe ist »Apur«. Diesem Begriff wurde dasselbe Schicksal zuteil wie dem bereits erwähnten »Aghtsan« und vielen anderen Kochvokabeln:

Über Jahrzehnte hatten sich die russischen Versionen dieser Worte derart eingebürgert, dass viele Armenier*innen die Ausdrücke in ihrer eigenen Sprache fast vergessen hatten. Doch zum Glück ernten Sie heutzutage keine verwunderten Blicke mehr, wenn Sie in Armenien »Apur« statt »Sup« bestellen.

»Bajak«
Dieses Wort bedeutet sowohl Glas als auch Becher oder Tasse. Daneben dient es als wichtige Maßeinheit gestandener armenischer Köchinnen, die ihre Zutaten nicht in Gramm oder Millilitern abmessen, sondern in Bajak. Mit der US-amerikanischen Einheit Cup hat das jedoch nichts zu tun. Vielmehr gab es in der gesamten Sowjetunion das exakt identische Modell gewöhnlicher Wasser- und Teegläser, die immer ein Volumen von 200 Millilitern fassen. Jeder Haushalt besaß sie, ob in Moskau, Yerevan, Kiew, Taschkent oder Tallinn.

»Bari Akhorjak«
Das ist die armenische Form von »Guten Appetit«. Häufig wird alternativ »Anush lini!« gewünscht, was zwar wörtlich übersetzt »Möge es süß sein!« bedeutet, jedoch nicht nur auf Süßspeisen, sondern auf alle Arten von Essen und Getränken anwendbar ist.

»Chir«
Trockenfrüchte aller Art werden auf Armenisch »Chir« genannt, das auf dem Wort »chor« (armenisch für »trocken«) basiert. Getrocknete Früchte sind aus der armenischen Küche nicht wegzudenken, denn die reichen Obsternten, mit denen die armenischen Siedlungsgebiete schon immer gesegnet waren, mussten schließlich haltbar gemacht werden. Chir ist nicht nur ein süßer Snack; auch in unzähligen Gerichten dienen Trockenfrüchte als wichtige Zutat.

»Hats«
Das armenische Wort »Hats« bedeutet in erster Linie Brot, doch es wird auch synonym zu Essen, Mahlzeit oder Speise verwendet. In der armenischen Esskultur nimmt Brot einen hohen Stellenwert ein, denn ein Essen ohne Brot ist aus armenischer Perspektive kein vollwertiges Essen. Armenische Kinder hören von ihren besorgten Eltern bei Mahlzeiten oftmals: »Hatsov ker vor kshtanas!« (»Iss Brot dazu, damit du satt wirst!«), und es ist nicht unüblich, Brot sogar als Beilage zu Reis, Nudeln oder Kartoffeln zu essen.

»Kanachi«
Der armenische Sammelbegriff für Kräuter aller Art ist »Kanachi«, was wörtlich übersetzt »Grünzeug« bedeutet. In den meisten armenischen Gerichten sind frische oder getrocknete Kräuter unverzichtbare Zutaten. Ein Mahl ist zudem erst dann wirklich armenisch, wenn es zur Vorspeise viel frisches Brot und eine Servierplatte voller frischer Kräuter und Käse gibt. Auf Märkten gibt es dicke Bündel mit »Khare Kanachi« (gemischte Kräuter) zu kaufen, meist bestehend aus Petersilie, Koriander, Estragon, Brunnenkresse, violettem Basilikum und Dill.

»Panir«
Das armenische Wort für Käse ist »Panir«, dessen Wurzeln im Persischen und Indo-Europäischen liegen. In der armenischen Küche ist Käse eng mit ländlichen Traditionen verbunden: Schaf- und Kuhhirten, die mit ihren Herden über die Weiden ziehen, prägen bis heute das Bild, sobald man die Städte verlässt. Die Milch dieser Tiere verarbeiten Armenier*innen schon immer zu Joghurt, Quark, Butter, Sahne und Käse. Armenische Käsesorten sind in der Regel sehr salzig, enthalten eine leichte Säure und ein kräftiges Aroma. Die bekanntesten Sorten sind »Lori« und »Chanakh«.

Daneben gibt es eine spezielle Fermentationstechnik, deren Ergebnis sich »Horats Panir« (vergrabener Käse) nennt. Dabei wird halbgereifter Käse – dessen Konsistenz an sehr weichen Feta erinnert – mit Kräutern vermischt und in Tonkrüge abgefüllt. Diese Krüge werden mit einer Schicht aus Holzasche versiegelt und in der Erde bergiger Regionen vergraben, wo der Käse etwa ein halbes Jahr lang reift.

»Plav«

Der Sammelbegriff »Plav« für gekochte Reisgerichte findet sich – in unterschiedlichen Varianten – in vielen Kochkulturen. Die älteste bekannte Erwähnung des Gerichts, dessen Name auf das persische Wort »Polow«/»Pollo« für Reis zurückgehen soll, findet sich in arabischen Büchern aus dem 13. Jahrhundert. Darin wird beschrieben, wie Reis zusammen mit Fleisch, Hülsenfrüchten und Obst gekocht wird. In der armenischen Küche wird »Plav« jedoch nicht ausschließlich für solche Reisgerichte verwendet: Auch mit Bulgur, Emmer und sogar mit Nudeln bereitet man hier Plav zu. Um deutlich zu machen, was denn nun die Hauptzutat ist, wird das entsprechende Wort einfach vorne angehängt: »Brindsov Plav« (siehe Seite 114) ist etwa mit Reis, während »Hacharov Plav« (siehe Seite 130) mit Emmer-Getreide zubereitet wird.

»Skhtor Matsun«

Eine der einfachsten und schmackhaftesten Saucen der armenischen Küche ist Skhtor Matsun, also Knoblauchjoghurt: Dafür wird frischer Knoblauch in kühlen Joghurt gepresst, hinzu kommen Salz und Pfeffer, manchmal auch weitere Gewürze und getrocknete Kräuter. Die Joghurtsauce wird häufig zu warmen Gerichten wie »Tolma« (siehe Seite 154), »Tatar Boraki« (siehe Seite 106) oder »Manti« (siehe Seite 101) gereicht.

»Sokharats«

Goldgelb gebratene Zwiebeln kommen in der armenischen Küche so häufig vor, dass es dafür sogar ein eigenes Wort gibt: »sokharats«. Häufig taucht der Begriff ganz selbstverständlich ohne weitere Erklärung in den Rezepten auf, denn Armenier*innen brauchen hierfür keine Anleitung. Sokharats ist die Basis für unzählige warme Speisen: Suppen und Eintöpfe, herzhafte Salate, Pilaw-Gerichte und Füllungen jeglicher Art.

»Yugh«

Das armenische Wort für Fett ist »Yugh«, doch häufig meint dieser Begriff speziell Butterschmalz. Dieses wird in der traditionellen armenischen Küche oft zum Braten, Kochen und Backen verwendet; mittlerweile wird jedoch lieber zu gesünderem Pflanzenöl gegriffen.

BROTE, SALATE UND KALTE SPEISEN

Հացատեսակներ, աղցաններ և սառը ուտեստներ

Լավաշ
Lavash
Armenisches Fladenbrot

vegan

Für 10 Fladenbrote

Zeitbedarf:
1,5 Stunden zubereiten
45 Minuten ruhen lassen

Zutaten:

500 g Weizenmehl + 150 g für die Arbeitsfläche

1 Packung Sauerteigextrakt (15 g)

1½ EL Salz

½ EL Zucker

300 ml Wasser

1. Mehl, Sauerteigextrakt, Salz und Zucker in eine Schüssel geben und vermengen. Nach und nach das Wasser unterrühren. Dabei den Teig kneten, bis er eine weiche, aber nicht klebrige Konsistenz – ähnlich wie Pizzateig – hat. Bei Bedarf mehr Wasser hinzufügen.
2. Arbeitsfläche bemehlen und Teigmasse darauf kurz kneten. Den Teig in etwa 10 gleich große Stücke schneiden.
3. Die kleinen Teigstücke erneut zu Kugeln formen und mit einem Küchenhandtuch abdecken. 30–45 Minuten ruhen lassen.
4. Die Arbeitsfläche großzügig bemehlen und die einzelnen Teigkugeln zu ovalen Lavash-Fladen ausrollen. Dazu die Teigkugeln zunächst mit der Hand plattdrücken und dann mit einem Nudelholz zu einem Fladen ausrollen. Die Fladen sollten idealerweise etwa 3 mm dick sein – maximal 5 mm. Den Fladen immer wieder großzügig bemehlen, damit der dünne Teig nicht auf der Arbeitsfläche anklebt.
5. Um den Effekt des Erdofens »Tonir« nachzuahmen, gibt es zwei Möglichkeiten.

   Alternative 1: Backblech mit Backpapier auslegen, den Backofen auf 220 °C Ober-/Unterhitze (200 °C Umluft) vorheizen und dabei das Backblech darin lassen, damit es ebenfalls heiß wird. Anschließend den dünnen Teigfladen auf dem Blech ausbreiten und für 3–5 Minuten backen, bis sich Bläschen bilden und das Brot braun wird.

   Alternative 2: Eine Crêpepfanne bei mittlerer Hitze erwärmen und den Teigfladen für etwa 3–5 Minuten von beiden Seiten backen.

Tipp: Frisch gebackenes Lavash wird schnell knusprig und trocken. Um es wieder weich zu machen, kann man es im noch warmen Zustand in einen großen Kochtopf legen und den Topf abdecken. Dadurch entsteht Dampf, der das Brot weich werden lässt. Alternativ können Sie das Brot mit ein wenig Wasser besprühen und mit Küchenhandtüchern abdecken, um es wieder weich werden zu lassen.

Մատնաքաշ
Matnakash
Luftiges Fladenbrot

vegan

Für 3 Brote

Zeitbedarf:
30 Minuten zubereiten
2–3 Stunden gehen lassen
15–20 Minuten backen

Zutaten:

750 ml lauwarmes Wasser

1 Packung Trockenhefe

1 TL Zucker

1250 g Weizenmehl, Menge geteilt + 250 g Weizenmehl als »Reserve«, falls der Teig zu klebrig ist

2 TL Salz

2 EL neutrales Pflanzenöl + weiteres Öl zum Fetten

1 Eiweiß

2 EL Wasser

1 Eiweiß (optional)

1. 250 ml lauwarmes Wasser in eine große Schüssel gießen. Trockenhefe, Zucker und 250 g Weizenmehl dazugeben. Gut mischen und 10 Minuten ruhen lassen.
2. Salz, Öl, restliches Wasser und zunächst 1000 g Mehl dazugeben. Die Hände mit Öl leicht fetten und die Masse kurz kneten, sodass ein weicher, luftiger Teig – ähnlich wie Focaccia-Teig – entsteht. Wenn der Teig zu klebrig ist, empfiehlt es sich grundsätzlich eher, die Hände stärker zu ölen, anstatt weiteres Mehl hinzuzufügen. Im Zweifel die restlichen 250 g Mehl nach und nach hinzugeben, bis der Teig weniger klebt.
3. Teig zu einer Kugel formen, die Oberfläche leicht mit Öl bestreichen und abgedeckt für mindestens 1 Stunde (bis zu 2 Stunden) gehen lassen.
4. Hände erneut leicht einölen und den Teig dehnen und falten. Das Teigpaket erneut für 1 Stunde abgedeckt gehen lassen.
5. Den Backofen auf 230 °C Ober-/Unterhitze (210 °C Umluft) vorheizen. Eine ofenfeste Form mit Wasser befüllen und auf dem Boden des Backofens platzieren.
6. Teig in drei gleich große Teigkugeln teilen. Backblech mit Backpapier auslegen, leicht ölen und die Teigkugel darauf mit den Händen zu einem 1,5–2 cm dicken Fladen (rund oder oval) formen.
7. Jetzt erhält das Matnakash sein traditionelles Muster. Mit der Außenkante der Hand im Abstand von etwa 2 cm vom Rand rundherum den Fladen eindrücken, sodass ein Kreis entsteht. Anschließend innerhalb des kleinen Kreises mehrere Linien von einer Seite zur anderen in den Fladen drücken. Den Teig mit Frischhaltefolie bedecken und weitere 5 Minuten an einem warmen Ort gehen lassen.
8. Bei Bedarf kann der Teigfladen vor dem Backen mit einer Eiweißmischung bestrichen werden. Dazu 1 Eiweiß mit 2 EL Wasser mischen, schaumig schlagen und den Teigfladen damit bestreichen. Im Backofen für 15–20 Minuten goldbraun backen.

→

»Matnakash« und »Lavash« (siehe Seite 30) liefern sich ein Kopf-an-Kopf-Rennen als beliebteste Brotsorte in Armenien. Während Lavash auf eine jahrtausendealte Tradition zurückblicken kann, ist das fluffige Matnakash eine vergleichsweise junge Brotsorte. Sie entstand, als man in den 1930er-Jahren ein Brot entwickeln wollte, das die neue, sozialistische Ära widerspiegelte: industriell und in Massen hergestellt.

Ironischerweise steckt bei »Matnakash« jedoch Handarbeit im Namen. Wörtlich übersetzt bedeutet er »mit den Händen gezogen«, was sich auf die traditionelle Brotform und das Muster bezieht, das durch den geschickten Einsatz der Hände entsteht. Das Muster wiederum ist nicht zufällig gewählt: Es soll an ein gepflügtes Feld erinnern – ein Hinweis auf die besondere Bedeutung der Landwirtschaft für die Sowjetrepublik.

Matnakash schmeckt frisch aus dem Ofen mit Salzlakenkäse, frischen Kräutern und Tomaten am besten. Auch für armenische Rühreirezepte (ab Seite 108) ist das Brot der perfekte Begleiter. In einem Gefrierbeutel lässt sich Matnakash gut einfrieren – vor dem Verzehr einfach kurz antauen lassen und dann im Ofen erwärmen.

Die bis zu 40 cm langen Lavash-Fladenbrote dürfen bei keiner armenischen Mahlzeit fehlen, egal ob im Alltag oder zu festlichen Anlässen. Lavash ist ein fester Bestandteil armenischer Esskultur und wurde deshalb 2014 auch von der UNESCO zum immateriellen Weltkulturerbe erklärt. Das Fladenbrot ist ein wahres Multitalent. Im frischen, noch weichen Zustand wird es etwa als Wrap gegessen, gefüllt mit frischen Kräutern und Käse. Diese gerollten Lavash-Sandwiches werden auf armenisch »Brdutch« genannt.

Beim Zubereiten von armenischem Grillfleisch, dem »Khorovats« (siehe Seite 171) ist frisches Lavash nicht nur eine leckere Beilage, sondern sogar ein hilfreiches Werkzeug: etwa als Grillhandschuh, um die heißen Fleischstücke von den Grillspießen zu ziehen, oder als Deckel, mit dem das Gegrillte bedeckt, warm und saftig gehalten wird.

Doch auch getrocknetes Lavash wird in der armenischen Küche gern verwendet – meist als Zutat in kräftigen Suppengerichten wie »Khashlama« (siehe Seite 181) oder »Panr-Khash« (siehe Seite 98).

Թոփիկ
Topik
Gefüllte Kichererbsen-Kartoffel-Klöße

vegan

Für 4 Portionen

Zeitbedarf:
1 Stunde zubereiten
24 Stunden kühlen

Zutaten:

Für den Teig:

200 g mehligkochende Kartoffeln

1 Dose Kichererbsen (Abtropfgewicht 265 g)

2 EL Tahin

1 Prise Salz (nach Belieben)

Olivenöl (optional)

Für die Füllung:

750 g Zwiebeln

1 TL Salz

180 g Tahin

30 g Pinienkerne (alternativ Walnusskerne)

30 g getr. Johannisbeeren (alternativ Rosinen oder Berberitzen)

25 g Pistazien

25 g Rosinen

1 TL Kümmel

1 TL Zimt

1 TL gem. Piment

schwarzer Pfeffer aus der Mühle (nach Belieben)

1. Kartoffeln schälen und in Salzwasser weich kochen.
2. Kichererbsen-Flüssigkeit abgießen und die Kichererbsen in eine Schüssel mit warmem Wasser geben. Kurz ziehen lassen und dann die Kichererbsen schälen. Dazu entweder jeweils eine Handvoll Kichererbsen vorsichtig zwischen den Handflächen hin und her rollen. Alternativ Kichererbsen auf einem sauberen Handtuch platzieren und mit einem zweiten Handtuch bedecken. Mit einem Nudelholz vorsichtig über das Handtuch rollen, um die Schalen zu lösen.
3. Kichererbsen und Kartoffeln in einem Küchenmixer pürieren. Tahin und Salz hinzugeben und alles gut vermischen. Gegebenenfalls Olivenöl hinzugeben, um die richtige Konsistenz zu erreichen. Diese sollte fest, aber formbar sein – ähnlich wie fester Honig.
4. Den entstandenen Teig zu einer Kugel formen, abdecken und etwa 30 Minuten ruhen lassen.
5. Für die Füllung die Zwiebeln in feine Scheiben schneiden. Einen beschichteten Topf auf mittlerer Hitze erwärmen. Zwiebeln hinzugeben, salzen und gut mischen. Abdecken und für etwa 10 Minuten unter ständigem Rühren kochen, bis die Flüssigkeit verdampft ist. Die Hitze reduzieren und die Zwiebeln weitere 20 Minuten bei niedriger Hitze garen, bis sie glasig und weich sind. Abkühlen lassen, in eine Schüssel geben und mit Tahin, Pinienkernen, Pistazien, Rosinen, Kümmel, Zimt, Piment und Pfeffer vermengen.
6. Den Kartoffel-Kichererbsen-Teig in vier gleich große Portionen teilen und diese zu kleinen Kugeln formen. Frischhaltefolie auf der Arbeitsfläche ausbreiten. Jeweils eine Teigportion auf der Folie mittig platzieren und mit der Handfläche leicht plattdrücken. Den Teig mit einem zweiten Stück Frischhaltefolie bedecken und mit einem Nudelholz vorsichtig zu einem großen Teigfladen ausrollen. Dabei die Mitte des Fladens etwas dicker halten als die Ränder.

→

1 Zitrone (zum Garnieren)
Olivenöl (zum Garnieren)

7. Folie entfernen und ein Viertel der Füllung in die Mitte des Teigs geben. Nun mit dem Teig vorsichtig die Füllung rundherum verschließen. Beim Zusammenklappen der Teigränder darauf achten, dass der Teig intakt bleibt und keine Risse entstehen. Das fertige Topik sieht in etwa aus wie ein Germknödel.
8. Das Topik in Folie wickeln und für etwa 24 Stunden in den Kühlschrank geben.
9. Zum Servieren Zitrone halbieren. Die eine Hälfte in Scheiben schneiden und das Topik damit garnieren. Mit der anderen Hälfte das Topik mit Zitronensaft beträufeln. Mit Olivenöl garnieren.

Es gibt verschiedene Arten, »Topik« zuzubereiten. Traditionell wird die Kichererbsen-Speise vor dem Kühlprozess noch für 15 Minuten in kochendes Wasser gegeben. Hierfür sollte anstelle der Frischhaltefolie ein hitzebeständiges Seihtuch verwendet werden.

Auch bei der Zusammensetzung der Füllung gibt es je nach Geschmack Unterschiede. Wichtig ist ein Mix aus Nüssen und Trockenfrüchten. So können die Pinienkerne durch Walnusskerne ersetzt werden und die getrockneten Johannisbeeren durch Berberitzen oder Rosinen. Optional kann das fertige Topik vor dem Servieren noch mit Zimt garniert werden.

Über den Ursprung des Gerichts gibt es unterschiedliche Meinungen. Die einen schreiben Topik den Armenier*innen aus Istanbul zu. Andere verorten den Ursprung in der armenischen Bevölkerung von Kilikien, der östlichen Mittelmeerregion der heutigen Türkei. Einigen wir uns darauf, dass Topik vorrangig in westarmenischen Familien zubereitet wird. Da es ganz ohne tierische Produkte auskommt, war und ist Topik bis heute ein traditionelles armenisches Fastenessen.

Ամառային աղցան
Amarain Aghtsan
Sommersalat

vegan

Für 4 Portionen

Zeitbedarf:
10 Minuten zubereiten

Zutaten:

4 große Fleischtomaten (alternativ 6–8 mittelgroße Rispentomaten)

2 Salatgurken

1 grüne Paprikaschote

je ⅓ Bund Koriander, Basilikum und Petersilie

½ Gemüsezwiebel

1–2 Stängel Dill

3 EL neutrales Pflanzenöl

1 EL Apfelessig (alternativ Zitronensaft)

1 TL Salz

1 Prise schwarzer Pfeffer aus der Mühle

1. Tomaten, Gurken und Paprika gut abspülen und abtropfen lassen. Kräuter putzen, abspülen und mit einem Küchentuch trocken tupfen. Tomaten halbieren, Strunk entfernen und in Scheiben schneiden. Gurken längs halbieren und in dicke Scheiben schneiden. Zwiebel schälen, halbieren und in dünne Halbringe schneiden. Den Stielansatz der Paprikaschote entfernen, die Schote halbieren, Zwischenhäutchen und Samen entfernen und die Paprikahälften in dünne Scheiben schneiden. Kräuter von zu harten oder dicken Stielen befreien. Kräuter grob hacken oder zupfen.
2. Gemüse und Kräuter in einer großen Schüssel vermengen, mit Öl und Essig beträufeln, mit Salz und Pfeffer würzen und gut durchmischen. Nach Bedarf nachwürzen.

Tipps: Pur, mit frischem Lavash (siehe Seite 30), Matnakash (siehe Seite 33) oder als Beilage genießen.

Harte oder dicke Stiele von Kräutern nicht wegwerfen, sondern kleinhacken, im Gefrierfach aufbewahren und für Suppen oder Saucen verwenden.

Dieser Salat gehört zu den meistverbreiteten armenischen Gerichten, sowohl in Armenien selbst als auch in der Diaspora. Jede armenische Familie und jedes Lokal in Yerevan, vom edlen Sternerestaurant bis zur einfachsten Kneipe, bietet ihn an. Wie der Name vermuten lässt, schmeckt er im Sommer am besten, wenn die Zutaten Saison haben.

Weil er so einfach ist, mit wenigen Zutaten auskommt und sehr zurückhaltend gewürzt wird, ist die Qualität der Grundprodukte besonders wichtig. Um dem Geschmack des Originals so nah wie möglich zu kommen, sollten die Tomaten aromatisch und reif sein und die Gurken dürfen nicht wässrig schmecken, sondern müssen knackig frisch und geschmackvoll sein.

Բազրկանի
Bazrkani
Armenischer Olivensalat

vegan

Für 4 Portionen

Zeitbedarf:
10 Minuten zubereiten

Zutaten:

200 g entsteinte grüne Oliven
1 rote Zwiebel
5–10 Cherrytomaten
2 EL Tomatenmark
1 EL Granatapfelsirup/Granatapfelkonzentrat (alternativ Balsamico-Essig oder Balsamico-Creme)
2 EL Olivenöl
½ TL schwarzer Pfeffer aus der Mühle
½ TL edelsüßes Paprikapulver
1 Prise Kreuzkümmel
½ TL getr. Thymian
½ Bund Petersilie
50 g Walnusskerne
Salz nach Bedarf

1. Oliven längs halbieren oder vierteln. Zwiebel schälen und fein würfeln. Tomaten waschen, trocken tupfen und vierteln. Alles in einer Schüssel miteinander vermengen.
2. Für das Dressing Tomatenmark, Granatapfelsirup und Olivenöl miteinander vermischen, bei Bedarf 1 TL Wasser hinzufügen und glattrühren. Mit Pfeffer, Paprikapulver, Kreuzkümmel und Thymian abschmecken. Dressing zum Salat geben und alles gut vermengen. Einige Minuten ziehen lassen.
3. Währenddessen Petersilie waschen, trocken schütteln und fein hacken. Walnusskerne ebenfalls hacken. Petersilie und Walnusskerne zum Salat geben und vermengen.
4. Probieren und bei Bedarf salzen (meist reicht jedoch der Salzgehalt der Oliven aus). Sofort servieren oder im Kühlschrank eine halbe Stunde ziehen lassen.

»Bazrkani« stammt aus den Dörfern der Region Musa Ler (heutige Türkei), wo im ehemaligen Osmanischen Reich überwiegend armenische Menschen lebten und den fruchtbaren Boden und das günstige Klima für die Landwirtschaft nutzten. Der Olivensalat Bazrkani wird auch »Hirtensalat aus Musa Ler« genannt. Die Schafhirten konnten ihn mit nur wenigen Zutaten auch draußen bei ihrer Herde zubereiten. Anfang des 20. Jahrhunderts brachten armenische Überlebende des Genozids dieses Gericht schließlich in ihre neue Heimat, die Republik Armenien.

Կանաչ լոբով աղցան
Kanach Lobov Aghtsan
Grüne-Bohnen-Salat

vegan

Für 4 Portionen

Zeitbedarf:
20 Minuten zubereiten
30 Minuten ziehen lassen

Zutaten:

500 g Brechbohnen

2 EL Olivenöl

2 EL Weißweinessig oder Apfelessig

2 Knoblauchzehen

1 TL Salz

½ TL schwarzer Pfeffer aus der Mühle

½ Bund Koriander

1. Bohnen gründlich waschen und die Enden abschneiden. In sprudelndem Salzwasser 10 Minuten kochen. Wasser abgießen und Bohnen in einem Sieb gut abtropfen lassen.
2. In der Zwischenzeit in einer kleinen Schale Olivenöl mit Essig vermischen. Knoblauchzehen pressen und dazugeben. Marinade mit Salz und Pfeffer abschmecken.
3. Bohnen in eine große Schüssel geben und mit der Marinade mischen.
4. Koriander waschen, trocken schütteln, hacken und dazugeben. Bis zum Servieren 30 Minuten ziehen lassen.

Կարմիր լոբով աղցան
Karmir Lobov Aghtsan
Rote-Bohnen-Salat

vegan

Für 6 Portionen

Zeitbedarf:
15 Minuten zubereiten

Zutaten:

1 große Gemüsezwiebel

1–2 Knoblauchzehen

2 EL Olivenöl

100 g Walnusskerne

2 EL Tomatenmark

3 Dosen Kidneybohnen (Abtropfgewicht jeweils 255 g)

½ Bund Koriander

edelsüßes Paprikapulver

1 TL Salz

½ TL schwarzer Pfeffer aus der Mühle

1. Zwiebel und Knoblauch schälen, fein hacken und in Öl anbraten. Walnusskerne fein hacken und dazugeben. Tomatenmark dazugeben, kurz mitbraten und den Herd ausschalten. Die Masse für einige Minuten auskühlen lassen.
2. Kidneybohnen abwaschen, kurz abtropfen lassen und in eine große Schüssel geben. Zwiebel-Knoblauch-Walnuss-Masse vorsichtig unterheben, sodass die Bohnen intakt bleiben, aber gut mit der Masse vermengt sind.
3. Koriander waschen, trocken schütteln, fein hacken und dazugeben. Salat mit etwas Olivenöl verfeinern und mit Paprikapulver, Salz und Pfeffer würzen.

»Karmir Lobov Aghtsan« wird in jedem armenischen Haushalt anders zubereitet. Manche verzichten beispielsweise auf die gebratenen Zwiebeln und den Knoblauch und verwenden stattdessen frische Zwiebeln, die sie in feine Scheiben schneiden. Auch bei der Wahl der Gewürze gibt es je nach Geschmack viele Variationen. In manchen Rezepten finden sich zum Beispiel geräuchertes Paprikapulver, gemahlener weißer Pfeffer oder frische Petersilie. Ihrer Kreativität sind also keine Grenzen gesetzt. Das gilt übrigens auch für die Art und Weise, wie Sie diesen Salat essen. Man kann ihn nicht nur klassisch als Salat genießen – sondern auch als leckere Füllung für einen Wrap mit frisch gebackenem »Lavash« (siehe Seite 30).

Սպանախով աղցան
Spanakhov Aghtsan
Spinat-Joghurt-Salat

vegetarisch

Für 2 Portionen

Zeitbedarf:
10 Minuten zubereiten

Zutaten:

500 g frischer Blattspinat

1–2 Knoblauchzehen

250 g griechischer Joghurt (alternativ Sahnejoghurt oder Naturjoghurt mit 3,5 % Fett)

20 g getr. Minze (optional)

Saft von ½ Zitrone

etwa ½ TL Salz

10 g Koriander (optional)

1. Den Spinat waschen und noch feucht in eine beschichtete Pfanne geben. Auf mittlerer Hitze erwärmen und abdecken. Sobald der Spinat einfällt und anfängt, seine Flüssigkeit abzugeben, Pfanne vom Herd nehmen und Spinat in eine Schüssel geben.
2. Knoblauch schälen, fein hacken, mit dem Joghurt und wenn gewünscht mit der Minze vermischen und zum Spinat geben. Gut vermengen.
3. Zitronensaft dazuträufeln und alles mit Salz abschmecken. Optional: Koriander waschen, trocken schütteln, fein hacken und dazugeben.

Ոսպով աղցան
Vospov Aghtsan
Linsensalat

vegetarisch

Für 2 Portionen

Zeitbedarf:
45 Minuten zubereiten

Zutaten:

250 g getrocknete Tellerlinsen (alternativ Berglinsen)

1 mittelgroße Zwiebel

2 mittelgroße Möhren

50 ml Pflanzenöl

1 Knoblauchzehe

100 g griechischer Joghurt

1. Linsen in einem Sieb unter kaltem Wasser abspülen, abtropfen lassen. Ausreichend Wasser mit Salz in einem Topf zum Kochen bringen und die Linsen darin 30–45 Minuten weichkochen.
2. In der Zwischenzeit Zwiebel schälen und fein hacken. Möhren schälen und mit einer Gemüsereibe zerkleinern.
3. Öl in einer Pfanne erhitzen. Zwiebeln und Möhren darin bei mittlerer Hitze anbraten, bis die Zwiebeln leicht gebräunt sind. In eine große Salatschüssel geben.
4. Weichgekochte Linsen in einem Sieb abgießen und abtropfen lassen.
5. Knoblauch schälen und in den Joghurt pressen, mit Salz abschmecken. Beiseitestellen.
6. Linsen und Knoblauchjoghurt zum Gemüse geben und gut umrühren.

Tipp: Für die vegane Variante anstelle des Joghurts eine pflanzliche Joghurt-Alternative verwenden.

Բզկտած հավով աղցան

Bzktats Havov Aghtsan

Walnuss-Hühnchen-Salat

mit Fleisch

Für 4 Portionen

Zeitbedarf:
30 Minuten zubereiten

Zutaten:

400 g Hähnchenbrust
Salz (zum Kochen)
3 EL saure Sahne
1 EL Mayonnaise
1 kleine Knoblauchzehe (nach Belieben)
½ TL Salz
1 Prise schwarzer Pfeffer aus der Mühle
100 g Walnusskerne
Granatapfelkerne (nach Belieben)

1. Hähnchenbrust kalt abspülen. Wasser mit Salz erhitzen, sodass es sanft siedet. Hähnchenbrust darin bei niedriger Hitze mit Deckel etwa 10 Minuten garen.
2. Währenddessen die saure Sahne mit der Mayonnaise zu einem cremigen Dressing glattrühren.
3. Knoblauch schälen und fein reiben (alternativ pressen) und dazugeben. Mit Salz und Pfeffer abschmecken.
4. Walnusskerne grob hacken und etwa 1 EL davon zum Dekorieren beiseitestellen.
5. Gegarte Hähnchenbrust aus dem Topf nehmen und mithilfe von zwei Gabeln das Fleisch auseinanderzupfen, sodass feine Fasern entstehen.
6. Fleisch, Dressing und Walnusskerne gut miteinander vermischen.
7. Salat in einer Schüssel anrichten und mit Granatapfelkernen und gehackten Walnusskerne garnieren.

Dieser Salat wird traditionell in der Winterzeit und am Silvesterabend zubereitet. Anstelle von Hähnchenbrust kann auch zartes Rindfleisch verwendet werden, dafür muss allerdings die Garzeit entsprechend verlängert werden. In manchen Haushalten wird die Mayonnaise gänzlich durch saure Sahne ersetzt. Wer frische Kräuter mag, kann Dill, Koriander oder Petersilie zugeben.

Աղցան իչ
Aghtsan Itsch
Bulgursalat

vegan

Für 8 Portionen

Zeitbedarf:
40–50 Minuten zubereiten
20 Minuten quellen lassen

Zutaten:

1 große Zwiebel

1 rote Paprikaschote

1 Jalapeño (alternativ Chilischote)

3 EL Olivenöl

3–4 Stängel Minze (alternativ 1 EL getr. Minze)

150 g Tomatenmark

1 EL Paprikamark

400 g Bulgur (fein, roh)

1 TL Salz

800 ml Wasser

Saft von ½ Zitrone

5–6 Romana-Salatblätter (zum Anrichten)

1 Frühlingszwiebel (zum Garnieren)

Petersilie (nach Belieben, zum Garnieren)

1. Zwiebel schälen und fein hacken, Paprika waschen, von Stiel und Kerngehäuse befreien und fein würfeln. Jalapeño waschen, vom Stiel befreien und fein würfeln.
2. Olivenöl in einem beschichteten Topf erhitzen. Zwiebel, Paprika und Jalapeño darin bei mittlerer Hitze etwa 5–10 Minuten anbraten, bis die Zwiebeln glasig sind.
3. Währenddessen Minze waschen, trocken schütteln, die Blätter von den Stängeln abzupfen und fein hacken. Minze, Tomatenmark und Paprikamark, Bulgur und Salz in den Topf zum Gemüse geben, alles gut verrühren und für etwa 3 Minuten bei mittlerer Hitze leicht anrösten.
4. Wasser aufkochen und das kochende Wasser und den Zitronensaft zur Gemüse-Bulgur-Mischung geben und unterrühren.
5. Den Herd ausschalten und den Topf abdecken, damit der Bulgur etwa 20 Minuten quellen kann. Noch mal mit einer Gabel auflockern, in eine Salatschüssel geben und entweder noch warm oder kalt genießen.
6. Zum Anrichten können Romanasalatblätter verwendet werden. Hierzu wird der Itsch-Salat auf die Salatblätter gegeben. Zum Garnieren die Frühlingszwiebel putzen, waschen und in feine Ringe schneiden, die Petersilie waschen, trocken schütteln und fein hacken und beides über den Itsch geben.

Dieser Bulgursalat wird oftmals mit Tabouleh verwechselt, ist aber ein ganz anderes Gericht. Der größte Unterschied besteht darin, dass im Tabouleh – zumindest so, wie er in Armenien zubereitet wird – rohes Gemüse zum Einsatz kommt.

»Itsch« ist vor allem in westarmenischen Haushalten fest verankert. Der Name soll aus der syrischen Stadt Aleppo stammen, wo eine große Anzahl von Armeniern lebt.

Աղցան Օլիվյե
Aghtsan Olivier
Neujahrs-Kartoffelsalat mit Fleisch

mit Fleisch

Für 8 Portionen

Zeitbedarf:
40–50 Minuten zubereiten
1–2 Stunden ziehen lassen

Zutaten:

300–350 g Rinderfilet (alternativ Hähnchenbrustfilet, hier aber die Kochzeit verkürzen)

Salz (für das Kochwasser)

4 mittelgroße festkochende Kartoffeln

3 mittelgroße Möhren

3 Eier (Größe M)

1 große Zwiebel

1 Glas Essiggurken (Abtropfgewicht: 350 g)

1 Bund Petersilie

1 Dose Erbsen (Abtropfgewicht 280 g)

2 Becher saure Sahne (200 g)

2–3 EL Salatmayonnaise (nach Bedarf)

1 TL Salz

½ TL schwarzer Pfeffer aus der Mühle

1. Fleisch in große Stücke schneiden. Anschließend in Salzwasser bei niedriger Hitze etwa 30 Minuten garen.
2. In einem zweiten Topf ebenfalls Wasser mit Salz aufkochen, das Gemüse ganz hineingeben und bei hoher Hitze 5–7 Minuten kochen, bis das Gemüse weich ist. Erst jetzt das Gemüse schälen und fein würfeln. Wird es bereits vor dem Kochen zerkleinert, besteht die Gefahr, dass es krümelig wird.
3. Die Eier hart kochen und im Anschluss fein würfeln.
4. Zwiebel schälen und fein würfeln. Saure Gurken ebenfalls fein würfeln. Petersilie fein hacken. Dosenerbsen in einem Sieb abtropfen lassen.
5. Saure Sahne mit Salatmayonnaise zu einem Dressing glattrühren.
6. Das weichgekochte Rindfleisch aus dem Topf nehmen, handwarm abkühlen lassen und fein würfeln.
7. Eier, Zwiebeln, Gurken, Petersilie, Erbsen und Fleisch zum Gemüse in die Salatschüssel geben. Dressing dazugeben, nach Belieben mit Salz und Pfeffer abschmecken und Salat gut vermengen. 1–2 Stunden im Kühlschrank ziehen lassen. Gekühlt servieren.

→

Bis »Aghtsan Olivier« seinen festen Platz in der Festtagsküche Armeniens bekommen hat, musste er eine lange Reise hinter sich bringen. Namensgeber ist der belgisch-französische Koch Lucien Olivier, der Mitte des 19. Jahrhunderts in Moskau das Restaurant »Ermitage« führte. Besonders beliebt bei seinen Gästen: ein Salat mit feinsten Zutaten wie Kalbszunge, Trüffel, Haselhuhn und Kaviar.

Der Salat wurde unter dem Namen »Salat Olivier« schnell in ganz Russland bekannt. Das genaue Rezept? Streng geheim.

Aufmerksamen Leser*innen wird an dieser Stelle aufgefallen sein, dass unser Rezept weder Kalbszunge noch Trüffel, Haselhuhn oder gar Kaviar enthält. Wie kann es sein, dass wir dann trotzdem vom Olivier-Salat beziehungsweise Aghtsan Olivier sprechen?

Das haben wir Ivan Ivanov zu verdanken, der als Souschef von Olivier über Umwege an dessen Geheimrezept gelangt ist. Einige Zeit später wurde Ivanov Chefkoch in einem anderen Moskauer Restaurant, in dem er bald den Stolichny-Salat (»Hauptstadt-Salat«) auf die Speisekarte setzte. Ein Salat, der dem seines ehemaligen Chefs Olivier verdächtig ähnelte – allerdings aus weniger exklusiven Zutaten bestand. Ivanov soll im frühen 20. Jahrhundert schließlich auch das Salatrezept an Verlage verkauft haben. Weil Lucien Olivier zu diesem Zeitpunkt bereits tot war, wurde das Stolichny-Rezept auch immer öfter als Olivier-Rezept bezeichnet.

Im Laufe der Jahre verbreitete sich der Salat in der gesamten Sowjetunion und darüber hinaus. Er ist nicht nur in Armenien sehr beliebt, sondern in vielen Ländern Osteuropas, in Skandinavien, Griechenland, Spanien und im Iran. Auch in Lateinamerika und Ostasien gehören Varianten des Olivier-Salats zur regionalen Küche.

Ավելուկ

Grundrezept Aveluk

Wilder Berg-Sauerampfer

Vegan

Zeitbedarf:
1 Stunde zubereiten
40 Minuten ziehen lassen

Zutaten:

1 Zopf (ca. 50–80 g) getr. Aveluk

1. Den geflochtenen Aveluk-Zopf mit einer Schere vom Küchengarn befreien, das meist auf beiden Seiten geknotet ist. Zopf in einen ausreichend großen Topf oder eine hitzebeständige Schüssel legen und mit kochendem Wasser begießen. Der Zopf muss komplett bedeckt sein. 20 Minuten ziehen lassen. Aveluk in ein Sieb abgießen und den Topf kurz ausspülen.
2. Aveluk wieder im Topf platzieren, erneut mit kochendem Wasser begießen und weitere 20 Minuten ziehen lassen. Wasser erneut abgießen, Aveluk gut abtropfen lassen und mit den Händen leicht ausdrücken. Falls bereits jetzt vereinzelt zu dicke/holzige Stängel herausschauen, diese mit einer Küchenschere entfernen.
3. In einem sauberen Topf Wasser aufkochen, Aveluk hineingeben und bei mittlerer Hitze 10 Minuten weichkochen. Mit einem Schöpflöffel vorsichtig herausnehmen und in einer Schale abkühlen lassen. Mit einer Küchenschere grob zerkleinern. Anschließend weiterverarbeiten, etwa zu Aveluk-Suppe (siehe Seite 183) oder Aveluk-Salat (siehe Seite 60).
4. Der küchenfertige Aveluk hält sich bis zur weiteren Verwendung etwa 1–2 Tage im Kühlschrank.

Aveluk ersetzen

Kein Aveluk zur Hand? Diese Alternativen erzielen zwar nicht denselben, aber einen ähnlichen Geschmack:

- ★ Grünkohl
- ★ Kohlrabiblätter
- ★ Mangold
- ★ Rübstiel
- ★ Rucola
- ★ Schwarzkohl
- ★ Spinat
- ★ Wiesen-Sauerampfer (Hier bitte beachten, dass dieser deutlich saurer schmeckt als der armenische Aveluk. Daher nicht als einzige Zutat verwenden, sondern mit mindestens einer der anderen aufgeführten Blattgemüsesorten ergänzen, um die Säure auszugleichen.)

→

»Aveluk« ist eine spezielle armenische Art des Wilden Berg-Sauerampfers. Weil er reich an Vitamin C, Vitamin A, Magnesium und anderen Nährstoffen ist, wird er in der armenischen Kultur seit Jahrhunderten als Heilkraut verwendet. Besonders bei Verdauungsbeschwerden, Lebererkrankungen, Zahnschmerzen und Atemwegsinfektionen gilt diese Sauerampferart als wirksames Hausmittel.

Neben den gesundheitlichen Vorteilen ist »Aveluk« in Armenien auch eine beliebte und schmackhafte Zutat für Suppen, Eintöpfe, Salate, Omeletts und mehr.

Das Kraut wird im Frühjahr jung und zart geerntet und entweder gleich frisch eingesetzt (ist dann allerdings recht herb) oder zu langen Zöpfen geflochten, unter freiem Himmel aufgehängt und über die Sommermonate getrocknet. So wird die nährstoffreiche Pflanze nicht nur haltbar und lagerfähig gemacht, sie wird auch bekömmlicher und verliert einen Großteil der Bitterstoffe. Um getrockneten »Aveluk« küchenfertig zu machen, muss man ihn, wie im Grundrezept oben, lediglich zweimal wässern und aufkochen.

Bitte auf keinen Fall auf das Wässern verzichten! Dieser Schritt ist wichtig für das Rehydrieren des getrockneten Krauts und reinigt es auch: Da die Zöpfe zum Trocknen für gewöhnlich mehrere Wochen unter freiem Himmel hängen, lagert sich auf ihnen Staub ab. Um diesen zu entfernen, ist das Wässern (und das Wegschütten des Wassers) notwendig.

In Deutschland ist Aveluk (sei es in frischer oder getrockneter Form) nicht einfach zu bekommen, doch einige Onlineshops für armenische Produkte bieten ihn getrocknet an.

Ավելուկով աղցան
Avelukov Aghtsan
Aveluk-Salat

vegan

Für 4–6 Portionen

Zeitbedarf:
20–30 Minuten zubereiten
10 Minuten quellen lassen

Zutaten:

100 g Bulgur

1 rote Zwiebel

3 EL Pflanzenöl

1 Zopf Aveluk, küchenfertig (gewässert, gekocht, abgetropft und grob zerkleinert, siehe Aveluk-Grundrezept Seite 57)

½ EL Salz

½ TL schwarzer Pfeffer aus der Mühle

¼ TL Cayennepfeffer

2 Knoblauchzehen

50 ml Apfelsaft

50 g gehackte Walnusskerne

1 Handvoll Walnusskerne

80 g Granatapfelkerne

1. Bulgur in einem Sieb unter kaltem Wasser abspülen, abtropfen lassen. 100 ml Wasser in einem Topf aufkochen, Bulgur hineingeben und gut umrühren. Herd ausstellen und den Bulgur mit Deckel quellen lassen. Nach 10–15 Minuten probieren, ob er weich ist. Gegebenenfalls weitere 5–10 Minuten quellen lassen.
2. In der Zwischenzeit Zwiebel schälen und grob würfeln. Öl in einer großen Pfanne erhitzen und Zwiebeln darin bei mittlerer Hitze glasig anbraten.
3. Aveluk dazugeben und unter gelegentlichem Rühren 3 Minuten braten. Mit Salz, Pfeffer und Cayennepfeffer abschmecken, Herd ausschalten, Gemüse mit der Resthitze ziehen lassen.
4. Knoblauch schälen und fein hacken oder pressen. Knoblauch, Apfelsaft und gehackte Walnusskerne zum Gemüse in die noch warme Pfanne geben und gut vermengen.
5. Pfanneninhalt in eine Salatschüssel füllen, Bulgur dazugeben und gut vermengen. Noch mal abschmecken und nach Bedarf nachwürzen. Mit Walnusskernen und Granatapfelkernen garnieren.

Dieser typisch armenische Wintersalat schmeckt sowohl warm als auch kalt. Wer mag, gibt zusätzlich einen Klecks (veganen) Joghurt hinzu.

Ակրոշկա
Akroshka
Kalte Joghurtsuppe

vegetarisch

Für 2 Portionen

Zeitbedarf:
15 Minuten zubereiten

Zutaten:

1 Salatgurke

4–5 Radieschen (optional)

¼ Bund Petersilie

¼ Bund Koriander

½ Bund Dill

4–5 Stängel Minze (oder 1 EL getr. Minze; optional)

300 g Joghurt (3,5 %)

2–3 EL saure Sahne

250–350 ml kaltes Wasser

¼ TL Salz

schwarzer Pfeffer aus der Mühle (nach Belieben)

etwas Zitronensaft (optional)

1. Gurke schälen und fein würfeln oder in feine Scheiben schneiden. Radieschen waschen und ebenfalls fein würfeln oder in feine Scheiben schneiden. Frische Kräuter waschen, trocken schütteln, Blätter abzupfen und fein hacken.
2. In einer Schüssel Joghurt mit saurer Sahne glattrühren. Unter Rühren langsam Wasser hinzugeben, bis eine cremig-flüssige Konsistenz entsteht. Gurke, Radieschen und Kräuter hinzugeben und verrühren. Mit Salz und Pfeffer abschmecken und optional mit Zitronensaft beträufeln.

»Akroshka« ist eine kalte Suppe für heiße Sommertage, die durch Armeniens Zugehörigkeit zur Sowjetunion ihren Platz in der armenischen Alltagsküche gefunden hat. Russischsprachige Menschen rümpfen jetzt vielleicht die Nase, denn eigentlich wird das Gericht »Okroshka« geschrieben und in die russische Variante gehören zudem noch Kartoffelwürfel, Eier, Fleisch oder Wurst hinein. Anstelle von Joghurt wird in Russland manchmal »Kwas« verwendet – ein säuerlicher Brottrunk.

Armenien hat sich jedoch nicht nur die eigenwillige Schreibweise mit A statt O angeeignet, sondern das Rezept stark abgewandelt. Das armenische »Akroshka« ist im sommerlichen Yerevan, wo Temperaturen von bis zu 40 °C herrschen können, eine gern gegessene, leichte und erfrischende Abkühlung. Dort wird die Suppe sowohl in tiefen Tellern serviert als auch im Glas zum Trinken – ähnlich wie Tan (siehe Seite 234). Besonders gut schmeckt dazu frisches »Matnakash«-Brot (siehe Seite 33).

Խորոված բանջարեղենով աղցան
Khorovats Banjareghenov Aghtsan
Grillgemüsesalat

vegan

Für 4–6 Portionen

Zeitbedarf:
1 Stunde zubereiten
30 Minuten backen

Zutaten:

2–3 große, schmale Auberginen

3–4 grüne und/oder gelbe Spitzpaprikaschoten (alternativ grüne oder gelbe Paprikaschoten)

1–2 scharfe grüne Peperoni (optional)

4 mittelgroße Roma-Tomaten (alternativ Fleischtomaten)

2 EL neutrales Pflanzenöl zum Bestreichen

1 rote Zwiebel

2 Frühlingszwiebeln

½ Bund Koriander

½ Bund Petersilie

½ EL Olivenöl

1 TL Salz

½ TL schwarzer Pfeffer aus der Mühle

Grillspieße/Schaschlikspieße aus Metall

Bei Zubereitung auf dem Grill:

1. Grill anheizen. Auberginen, Paprika, Peperoni und Tomaten waschen, trocken tupfen und längs (von Strunk zu Spitze) auf die Grillspieße spießen, dabei je Spieß immer nur eine Gemüsesorte verwenden, da sie unterschiedliche Garzeiten haben.
2. Pflanzenöl auf den Gemüsespießen verreiben.
3. Spieße auf den Grill legen (ideal ist dafür ein Spießaufsatz/eine Spießhalterung, doch die Spieße können auch direkt auf dem Rost grillen) und zwischendurch regelmäßig drehen, um ein gleichmäßiges Grillergebnis zu erzielen.
4. Grillzeit für die Gemüsesorten: Auberginen 15–20 Minuten, Paprika 10–15 Minuten, Peperoni 5–10 Minuten, Tomaten 5 Minuten. Das Gemüse sollte innen weich sein, jedoch nicht auseinanderfallen. Die Haut sollte dunkel bis schwarz sein, jedoch nicht komplett verkohlt.

Bei Zubereitung im Backofen mit Grillfunktion:

1. Ofen auf 230 °C (Grillfunktion) vorheizen. Auberginen, Paprika, Peperoni und Tomaten waschen, trocken tupfen und mit dem Pflanzenöl bestreichen. Auf ein Backblech mit Grillgitter oder einen Backofenrost legen (in diesem Fall ein weiteres Backblech im Ofen darunter platzieren, das die austretende Flüssigkeit auffängt, oder Backpapier zwischen Gemüse und Rost legen).
2. Gemüse unter den Backofengrill schieben und für 5 Minuten stark grillen, dabei einmal wenden, um ein gleichmäßiges Grillergebnis zu erzielen. Danach Gitter/Rost auf die mittlere Schiene schieben und Gemüse weiter garen, dabei regelmäßig wenden.

→

1. Ofengrillzeit für die Gemüsesorten: Auberginen 25 Minuten, Paprika 15–20 Minuten, Peperoni 10–15 Minuten, Tomaten 10–15 Minuten. Das Gemüse sollte innen weich sein, jedoch nicht auseinanderfallen.
2. Grillgemüse von den Spießen ziehen beziehungsweise aus dem Ofen nehmen, in einen großen Behälter legen und mit einem Deckel oder Folie abdecken. Handwarm abkühlen lassen.
3. In der Zwischenzeit Zwiebel schälen und Frühlingszwiebeln putzen und waschen. Zwiebel in feine Streifen, Frühlingszwiebeln in dünne Ringe schneiden und beides für 5 Minuten in eiskaltem Wasser ziehen lassen, dann in einem feinen Sieb abtropfen lassen.
4. Währenddessen Koriander und Petersilie waschen, trocken schütteln und gegebenenfalls dicke Stiele entfernen. Kräuter fein hacken.
5. Sobald das Gemüse abgekühlt ist, mit den Fingern vorsichtig die Haut von den Auberginen, Paprika, Peperoni und Tomaten abziehen. Stielansätze entfernen und das Gemüse grob würfeln (dass sie dabei ein wenig auseinanderfallen und leicht matschig werden, ist normal) und inklusive ausgetretener Flüssigkeit in eine große Salatschüssel geben. Zwiebel, Frühlingszwiebeln und Kräuter dazugeben. Mit Olivenöl beträufeln und vorsichtig vermengen. Mit Salz und Pfeffer abschmecken. Schmeckt warm genauso wie kalt.

»Khorovats Banjareghenov Aghtsan«, also Salat aus gegrilltem Gemüse, darf neben Fleisch und Fisch bei keiner armenischen Grillparty fehlen. Und obwohl man in Armenien auf das tierische Grillgut besonders stolz ist, ist Khorovats Banjareghenov Aghtsan in Wahrheit der heimliche Star beim Grillen. Das rauchige Aroma unterstreicht den Eigengeschmack der Gemüsesorten. Wichtig ist hier, das Gemüse lang genug der Hitze auszusetzen, um die Haut schön dunkel werden zu lassen. Durch die weiche, fast schon cremige Konsistenz des Salats fungiert er auch als eine Art Sauce für das Grillgut (denn normalerweise gibt es beim armenischen Grillen keine Grillsaucen, da sie nur den Geschmack der Grundprodukte überdecken würden). Wer es schärfer mag, nimmt mehr Peperonis oder würzt den Salat zusätzlich noch mit Chiliflocken oder Cayennepfeffer. Der vegane Salat schmeckt auch ohne weiteres Grillgut gut, zum Beispiel auf frischem »Lavash« (siehe Seite 30) oder »Matnakash« (siehe Seite 33). Übrigens: Manche Familien verfeinern den noch warmen Salat mit einem Flöckchen Butter oder etwas Butterschmalz.

Սմբուկով ռուլետ
Smbukov Rulet
Auberginenröllchen mit Walnüssen

vegetarisch

Für 4 Personen

Zeitbedarf:
1–1,5 Stunden zubereiten
10–15 Minuten ruhen lassen

Zutaten:

4 kleine oder 2 große Auberginen

1 EL Salz zum Entwässern + ½ TL Salz zum Würzen

3–4 EL Pflanzenöl zum Braten

1–2 Knoblauchzehen

100 g Walnusskerne

150 g griechischer Joghurt

½ edelsüßes Paprikapulver

schwarzer Pfeffer aus der Mühle nach Bedarf

50 g Granatapfelkerne

Petersilienblättchen zum Garnieren

1. Auberginen waschen, die Stielansätze entfernen und jede Frucht längs in Scheiben schneiden. Jede Scheibe sollte etwa 4 mm dick sein.
2. Auberginenscheiben in einer Schicht auf ein Brett oder Blech legen, gleichmäßig mit ½ EL Salz bestreuen und etwa 10–15 Minuten ruhen lassen, bis Flüssigkeit an der Oberfläche ausgetreten ist. Scheiben mit einem Küchentuch trocken tupfen und dabei leichten Druck ausüben. Umdrehen und mit der zweiten Seite ebenso verfahren.
3. Öl in einer großen Pfanne erhitzen. Auberginenscheiben portionsweise bei mittlerer bis hoher Hitze von beiden Seiten braten, bis sie weich und goldbraun sind. Vorsicht beim Wenden, die Scheiben dürfen nicht zerfallen.
4. Fertige Scheiben sofort auf ein Küchentuch legen, um überschüssiges Fett aufzunehmen. Abkühlen lassen.
5. Knoblauch schälen und mit den Walnusskernen in einem Zerkleinerer zu einer stückigen Paste pürieren. Alternativ im Mörser zerstampfen oder alles sehr fein hacken.
6. Nusspaste mit dem Joghurt und dem Paprikapulver mischen, mit Salz und Pfeffer abschmecken.
7. Auberginenscheiben mit der Füllung bestreichen und vorsichtig aufrollen. Die Röllchen auf einem Teller anrichten und mit Granatapfelkernen und Petersilie bestreuen.

→

Tipp: Das Gericht lässt sich gut vorbereiten und hält sich im Kühlschrank etwa 2–3 Tage.

Auberginenröllchen mit Walnusspaste stammen ursprünglich aus der georgischen Küche, sind jedoch im gesamten Kaukasus beliebt – so auch in der armenischen Küche. Die herzhaften Häppchen machen nicht nur optisch viel her: Die unterschiedlichen Texturen (weiche Aubergine, cremig-mürbe Füllung, knackige Granatapfelkerne) sorgen für ein spannendes Mundgefühl. Gleichzeitig ergänzen sich die Aromen von Walnüssen, Knoblauch, Joghurt und Aubergine perfekt. In der armenischen Küche werden diese Röllchen Gästen gern an Feiertagen und zu besonderen Anlässen als Vorspeise angeboten. Gegessen werden sie kalt.

Für die vegane Variante den Joghurt weglassen oder durch eine pflanzliche Alternative ersetzen: Hierfür eignet sich veganer Schmand, veganer Frischkäse, Seidentofu oder ein mildes Nussmus (zum Beispiel aus Cashews oder Sonnenblumenkernen).

խառը թթու

Khare Ttu

Gemischtes, salzig eingelegtes Gemüse

vegan

ergibt 1 großes Einmachglas (Fassvermögen 3l)

Zeitbedarf:
30 Minuten zubereiten
15–20 Tage fermentieren

Zutaten:

1 Weißkohl

4–5 Möhren

5–6 Stangen Sellerie

5–7 Knoblauchzehen

1 Blumenkohl (optional)

30g schwarze Pfefferkörner

5g getr. Lorbeerblätter

2½l Wasser

125g grobes Speisesalz (z.B. Meersalz)

1. Den Weißkohl in grobe, mundgerechte Stücke schneiden, den Strunk entfernen. Möhren schälen und Sellerie waschen. Beides in große Stücke schneiden und mit einer Gabel einstechen. Knoblauchzehen schälen und gegebenenfalls halbieren. Blumenkohl putzen, Strunkansatz entfernen und in mittelgroße Röschen teilen.
2. Falls ein gläserner Behälter verwendet wird, diesen vorab mit heißem Wasser ausspülen, sodass er vorgewärmt wird.
3. Zum Befüllen das Einmachglas auf einer warmen Oberfläche, wie einem Küchentuch oder einem Holzbrett, platzieren. Das Gemüse zusammen mit Knoblauch, schwarzen Pfefferkörnern und Lorbeerblättern im Einmachglas schichten.
4. Salzwasser zum Kochen bringen und das heiße Wasser über das Gemüse geben. Bei Bedarf das Gemüse mit einem kleinen Teller beschweren, damit es komplett von Wasser bedeckt ist. Das ist wichtig, damit das Gemüse fermentieren kann und nicht schimmelt.
5. Für 3–5 Tage bei Zimmertemperatur fermentieren lassen. Danach für weitere 10–15 Tage an einem kühleren Ort bei etwa 10°C lagern. Hierbei wichtig: Hat der Behälter keinen atmungsaktiven Deckel, muss er täglich kurz geöffnet werden, um die Gase, die beim Fermentieren entstehen, abzulassen. Die Länge des Fermentierungsprozesses hängt stark von der Außentemperatur ab: Im Winter dauert es länger als im Sommer.

»Khare Ttu« gehört zu den beliebtesten Beilagen in der armenischen Küche und wird zu fast allen Hauptgerichten gereicht. Zu »Khorovats« (siehe Seite 171), »Harissa« (siehe Seite 121) und »Thal« (siehe Seite 76) passen die eingelegten Gemüsestücke besonders gut.

Ttu wird in vielen verschiedenen Variationen zubereitet. Die hier vorgestellte Variante ist die gängigste.

Ապուխտ / Բաստուրմա
Apukht / Basturma
Luftgetrocknetes Rindfleisch im Gewürzmantel

mit Rindfleisch

ergibt 2 große Stücke Trockenfleisch (je 250–300 Gramm Endgewicht)

Zeitbedarf:
etwa 11–18 Tage, aufgeteilt in:
3 Tage pökeln
5–10 Tage lufttrocknen
3–5 Tage marinieren

Zutaten:

Für das Trockenfleisch:
1 kg mageres Rindfleisch aus der Unterschale, der Oberschale oder dem Tafelspitz, als ganzes, langes Stück geschnitten

250 g grobes Salz

Pökeln:

1. Das Rindfleisch in zwei möglichst gleich große Stücke schneiden, gegebenenfalls vorhandene Fettstücke abschneiden. Kalt abspülen und trocken tupfen. Das Fleisch mit einem Spieß oder einer großen Nadel mehrfach einstechen, damit das Salz später besser einziehen kann.
2. Einen Behälter mit Deckel vorbereiten, in den die Stücke hineinpassen, etwa eine große Frischhaltedose oder eine verschließbare Auflaufform. Den Boden des Behälters mit Salz bedecken, das Fleisch darauf setzen und es von allen Seiten ausgiebig mit Salz ummanteln.
3. Verschlossen im Kühlschrank für 2 Tage ziehen lassen. In dieser Zeit entzieht das Salz dem Fleisch viel Flüssigkeit.
4. Anschließend das Fleisch kalt abspülen und in einen sauberen, verschließbaren Behälter legen. Diesen ebenfalls mit kaltem Wasser füllen, verschließen und für etwa 1 Stunde in den Kühlschrank stellen.
5. Danach das Fleisch herausnehmen und von allen Seiten mit Küchenpapier trocken tupfen, dabei so viel Feuchtigkeit wie möglich aus dem Fleisch herausdrücken.
6. Das Fleisch rundherum in Küchenpapier einwickeln, in einen Behälter legen, ein Küchenbrett darauf platzieren, mit Gewichten (z. B. Konservendosen) beschweren und eine Nacht im Kühlschrank lassen.

→

Für die »Chaman«-Würzpaste:
6 Knoblauchzehen

50 g edelsüßes Paprikapulver

50 g gem. Bockshornkleesamen

1 EL gem. Piment

1 EL schwarzer Pfeffer aus der Mühle

1 TL Cayennepfeffer

1,5 TL Kreuzkümmel

1 TL grobes Salz

Abkühlgitter mit Auffangbehälter/Teller, das in den Kühlschrank passt

2 saubere Passiertücher/Mulltücher

Lufttrocknen:

1. Fleisch aus dem Kühlschrank nehmen und auspacken. Die Konsistenz ist nun deutlich fester, das Fleischstück ist nun auch flacher gepresst.
2. Ein Auskühlgitter auf ein kleines Blech oder einen Teller stellen. (Wichtig ist hierbei ausreichend Abstand zwischen Gitter und Unterlage, damit die Luft zirkulieren kann.) Fleischstücke darauf legen und im Kühlschrank 8–14 Tage lufttrocknen lassen. Um eine gleichmäßigere Trocknung zu erhalten, die Stücke alle 2–3 Tage wenden. Das Fleisch ist ideal getrocknet, wenn es sich fest anfühlt und nicht mehr tropft oder Flüssigkeit verliert.

Marinieren:

1. Für die Würzpaste den Knoblauch schälen, in einem Küchenmixer oder Zerkleinerer zu einer Paste verarbeiten, nach und nach 200 ml Wasser dazugeben. Die restlichen Zutaten untermixen. Die Konsistenz sollte einem dickflüssigen Pfannkuchenteig ähneln. Ist die Würzpaste zu trocken, tröpfchenweise Wasser hinzugeben.
2. Fleisch aus dem Kühlschrank nehmen und von allen Seiten etwa 5 mm dick mit der Paste bestreichen, sodass es komplett bedeckt ist. Jedes Fleischstück vorsichtig einlagig in ein Passiertuch wickeln und zurück aufs Gitter legen. Weitere 3–5 Tage im Kühlschrank ruhen lassen, dabei täglich einmal wenden.
3. Danach das Fleisch vorsichtig aus dem Tuch wickeln. Ist die Würzpaste komplett durchgetrocknet und fest, ist das Apukht fertig. Ist noch ein wenig Feuchtigkeit vorhanden, die Stücke ohne Tuch auf das Gitter legen und weitere 1–2 Tage im Kühlschrank ziehen lassen.
4. Zum Servieren einfach die gewünschte Anzahl an Scheiben abschneiden, dabei unbedingt ein sehr scharfes Messer oder eine Aufschnittmaschine verwenden. Fest in einen Gefrierbeutel eingewickelt, hält sich Apukht im Kühlschrank bis zu 2 Monate.

»Apukht« ist würziges armenisches Trockenfleisch, das auch als »Basturma« bekannt ist. Unter ähnlichen Namen und in Variationen findet man diese Art von Rinderschinken im gesamten Kaukasus, im Nahen Osten, in der Türkei und in vielen anderen Regionen. Über die Herkunft gibt es zwei Theorien: Die erste ist in Zentralasien verortet, wo nomadisierende Turkvölker gesalzenes Fleisch in ihren Satteltaschen lagerten, um es beim Reiten zu pressen und zu trocknen. Demnach soll der Name auf dem türkischen Wort »bastırma« basieren, was »Pressung« bedeutet.

Die zweite Theorie vermutet den Ursprung in Kayseri in der heutigen Türkei, das damals zum Byzantinischen Reich gehörte und »Caesarea Mazaka« hieß. Das Haltbarmachen von Fleisch durch Pökeln und Trocknen wurde dort »paston« genannt und hatte dort eine besonders große Tradition. Im Osmanischen Reich wurde aus »paston« schließlich »Pastırma« und in der armenischen Aussprache »Basturma«.

»Apukht« ist der armenische Name und lässt sich mit »gepökeltes und getrocknetes Fleisch« übersetzen. Doch in der Bevölkerung ist die ältere Bezeichnung »Basturma« deutlich geläufiger.

Das Prinzip des Gerichts ist einfach, aber zeitaufwendig: Rindfleisch wird erst gepökelt, dann luftgetrocknet und anschließend mit einer aromatischen und salzigen Würzpaste namens »Chaman« ummantelt, die ebenfalls trocknen muss.

In Armenien mit seinem relativ trockenen Klima lassen viele Privatpersonen ihr hausgemachtes Apukht in kühlen Monaten auf ihrem Balkon hängend trocknen. Das Klima in Deutschland würde das nicht zulassen: Durch die hohe Luftfeuchtigkeit würde das Fleisch schnell verderben. Daher ist dieses Rezept etwas abgewandelt, damit Apukht auch im Kühlschrank gelingt – das dauert zwar einige Tage länger, das Ergebnis kann sich aber sehen lassen!

Dünn aufgeschnitten hat Apukht die Konsistenz von Beef Jerky und schmeckt am besten eingewickelt in »Lavash« (siehe Seite 30), auf einem Stück »Matnakash« (siehe Seite 33) oder angebraten im Omelett.

Թալ
Thal
Confit nach armenischer Art

mit Fleisch

Für 8–10 Portionen

Zeitbedarf:
45 Minuten zubereiten
24 Stunden ziehen lassen

Zutaten:

2 kg Rinderfilet (alternativ jedes andere magere und zarte Stück vom Rind)

200 g Salz + etwas mehr zum Garen

400–500 g Butterschmalz

1. Rindfleisch in gleich große, etwa 200 g schwere Stücke schneiden. Falls vorhanden, Knochen, Fett und Sehnen entfernen. Fleischstücke in eine Schüssel geben, Salz hinzufügen und mit den Händen gut mischen, sodass alle Fleischstücke mit Salz in Berührung kommen. Die Schüssel abgedeckt für 24 Stunden im Kühlschrank ruhen lassen.
2. Anschließend das Fleisch gründlich unter kaltem Wasser abspülen.
3. Wasser in einem großen Topf aufkochen und großzügig salzen. Hitze reduzieren und das Fleisch darin bei niedriger Hitze etwa 30 Minuten garen, bis es zart ist. Falls Schaum auf der Wasseroberfläche entsteht, diesen abschöpfen.
4. In einem beschichteten Topf Butterschmalz erhitzen und Fleisch von allen Seiten braten, bis es eine knusprige, braune Oberfläche hat.
5. Fleisch sofort herausnehmen, in einen nicht zu hohen, verschließbaren und hitzebeständigen Behälter geben und mit dem noch heißen, flüssigen Butterschmalz bedecken. Fleisch und Butterschmalz vollständig abkühlen lassen und erst dann den Behälter verschließen. In den Kühlschrank stellen, wo es sich problemlos mehrere Tage hält. Hierbei unbedingt darauf achten, dass das Fleisch immer von genügend Butterschmalz ummantelt ist, damit es frisch bleibt.

Tipps: Thal kann sowohl kalt als auch warm gegessen werden. Und: Es wird sowohl als alleinstehendes Gericht als auch als Beilage, etwa zu Bratkartoffeln, verwendet. In diesem Fall kann das am Fleisch haftende Butterschmalz direkt zum Braten verwendet werden.

Für den kalten Verzehr kann Thal beispielsweise klein geschnitten in einen Wrap aus Lavash (siehe Seite 30) serviert werden.

WARME SPEISEN

Տաք ուտեստներ

Աջարական խաչապուրի
Adjarakan Khachapuri
Teigschiffchen mit Käse und Ei

vegetarisch

Für 4 Portionen

Zeitbedarf:
60–90 Minuten zubereiten
60 Minuten gehen lassen
15–25 Minuten backen

Zutaten:

Für den Teig:
500 g Weizenmehl (Type 405) + etwas Mehl für die Arbeitsfläche

1 Pck. Trockenhefe

2 TL Zucker

1½ TL Salz

250 ml warme Milch

1 EL Pflanzenöl

(Wenn Sie den Teig nicht selber zubereiten wollen, finden Sie am Ende des Rezepts einen Tipp.)

1. Mehl mit Hefe, Zucker und Salz vermischen. Warme Milch hinzufügen und mit dem Knethaken eines Handrührgerätes oder einer Küchenmaschine zu einem Teig verkneten. Das Öl erst zum Schluss hinzufügen.
2. Die Schüssel abdecken und den Teig mindestens eine Stunde gehen lassen, bis er etwa doppelt so groß ist.
3. Backofen auf 220 °C Umluft (240 °C Ober-/Unterhitze) vorheizen.
4. Für die Füllung den Feta zerkrümeln, Mozzarella reiben. In einer Schüssel Feta, Mozzarella und Frischkäse mischen und abschmecken, nach Bedarf salzen. 1 Ei gut verquirlen, zur Käsemischung geben und alles durchmischen.
5. Arbeitsfläche mit Mehl bestäuben und Teig darauf noch einmal gut verkneten. Teig in vier Teile teilen, jedes Viertel erst zu einer Kugel formen und dann zu einem etwa fingerdicken Fladen ausrollen.
6. Backblech mit Backpapier auslegen, die vier Fladen darauf mit reichlich Abstand zueinander platzieren, die Ränder zur Mitte hin einrollen und jeden Fladen an zwei Enden verzwirbeln, sodass eine ovale Schiffchenform entsteht. Der aufgerollte Rand muss höher als die Innenfläche sein, damit später die Füllung nicht herausläuft.
7. Die Käsemischung gleichmäßig auf den Innenflächen der Schiffchen verteilen.
8. Backblech mittig in den Ofen schieben und die Schiffchen etwa 10–15 Minuten backen, bis der Teig beginnt, eine goldene Farbe anzunehmen.

→

Für die Füllung:
150 g Feta
150 g schnittfester Mozzarella
50–100 g Frischkäse (oder Quark)
Salz nach Belieben
5 große Eier

weiche Butter zum Bestreichen
Salz und Pfeffer nach Bedarf

9. Temperatur auf 200 °C herunterdrehen. Das Backblech herausnehmen, mit einem Esslöffel je eine Mulde in die Käsefüllung drücken und vorsichtig 1 Ei hineinschlagen.
10. Blech sofort wieder in den Ofen schieben und etwa 5–10 Minuten weiterbacken lassen, bis das Eiweiß gestockt, das Eigelb aber noch weich ist. Konsistenz je nach Geschmack anpassen – manche mögen das Ei flüssiger, manche eher fest.
11. Herausnehmen, die Teigränder sofort mit weicher Butter bestreichen und/oder einen Klecks Butter auf die Füllung geben und schmelzen lassen. Die Eier nach Belieben salzen und pfeffern. Anrichten und mit den Händen essen: Dabei mit den verzwirbelten Teigspitzen beginnen und je ein Stück abreißen, mit diesem die Ei-Käse-Mischung verrühren, etwas von der Füllung aufnehmen und abbeißen.

Das herzhafte Käsegebäck »Khachapuri« hat seinen Ursprung in Georgien, die Variante mit Ei aus der Region Adscharien ist jedoch auch außerhalb des Landes weit verbreitet. Wie viele georgische Nationalgerichte kam auch adscharisches Khachapuri durch regen kulturellen und wirtschaftlichen Austausch ins Nachbarland Armenien, wo die Menschen schnell eigene Abwandlungen erdachten. So ist das armenische Khachapuri häufig anders in seiner Zusammensetzung als das Original: Die Füllung enthält statt des georgischen »Sulguni«-Käses meist andere Käsesorten (etwa lokalen armenischen Salzlaken-Käse oder Feta-Mozzarella-Mischungen), außerdem wird weniger Käse verwendet. Und während in der georgischen Küche die Teigschiffchen nur mit Eigelb veredelt werden, bevorzugen die meisten Armenier ganze Spiegeleier in ihren Khachapuris. In Yerevan wird »Adjarakan Khachapuri« häufig zum Frühstück oder als reichhaltige Zwischenmahlzeit gegessen und hat seinen festen Platz sowohl in der Imbiss-Gastronomie als auch in der Alltagsküche armenischer Familien. Mittlerweile gibt es in Yerevans Supermärkten sogar tiefgekühlte, leere Teigrohlinge zu kaufen, die zu Hause nur noch gefüllt und im Ofen gebacken werden müssen.

Tipp, wenn es schneller gehen soll: Wollen Sie den Teig nicht selbst herstellen, können Sie auch küchenfertigen frischen Hefe- oder Pizzateig aus dem Supermarkt verwenden. Rollen Sie den Teig einfach aus, schneiden Sie ihn nach Ihren Wünschen zu, belegen Sie ihn mit der Käsefüllung aus diesem Rezept und backen Sie ihn im Ofen auf. Geben Sie dann das Ei dazu und lassen Sie alles fertig garen. Beachten Sie hierbei, dass der gekaufte Teig häufig eine geringere Backzeit benötigt und schneller dunkel wird.

ժենգյալով հաց
Jingalov Hats
Mit Kräutern gefüllte Brotfladen

vegan

Für 4 Portionen

Zeitbedarf:
1,5–2 Stunden

Zutaten:

Für den Teig:

150 ml lauwarmes Wasser

1 TL grobes Salz

200 g Weizenmehl (Type 550) + etwas Mehl für die Arbeitsfläche

etwas Pflanzenöl

1. Für den Teig in einer großen Rührschüssel 150 ml lauwarmes Wasser mit Salz mischen. Portionsweise das Mehl einrühren und kurz zu einem klebrigen Teig kneten. Arbeitsfläche mit Mehl bestäuben und den Teig darauf mit den Händen einige Minuten lang kneten, bis er sich glatt und nicht mehr so klebrig anfühlt.
2. Rührschüssel säubern und innen dünn mit etwas Öl bestreichen. Den Teig zu einem großen Kloß formen, in die Schüssel geben und mit einem Küchenhandtuch abgedeckt mindestens 20 Minuten bis zu 1 Stunde ruhen lassen.
3. Währenddessen für die Füllung alle Kräuter und Blattgemüse waschen, trocken schütteln und fein hacken. Die Frühlingszwiebel putzen, waschen und in sehr feine Ringe schneiden. In einer Schüssel Kräuter und Frühlingszwiebeln mit Paprikapulver, Salz, Cayennepfeffer, Zitronensaft und Öl mischen und mit den Händen leicht durchkneten.
4. Anschließend die Arbeitsfläche erneut mit Mehl bestäuben. Den Teig darauf legen und in vier gleich große Teile teilen und jeden Teil zu einer Kugel formen.
5. Auf der bemehlten Arbeitsfläche die erste Kugel mithilfe eines Nudelholzes dünn kreisförmig ausrollen, der Teig sollte zum Schluss etwa die Größe eines Desserttellers haben. Etwa 100 g der Kräuterfüllung in die Mitte des Teiges geben – keine Sorge, das sieht zwar nach einer viel zu großen Menge aus, aber sie ist genau richtig.

→

Für die Füllung:
450 g unterschiedliche Kräuter und grünes Blattgemüse nach Geschmack (ideal ist eine geschmacklich ausgewogene Mischung aus nicht zu harten Sorten wie etwa Koriander, Dill, Petersilie, Estragon, Spinat, Mangold, Rucola, Kohlrabiblätter, Karottengrün, Kerbel, Basilikum, Borretsch, Bärlauch, Löwenzahn, Radieschengrün, Brunnenkresse, Blattkohl, Portulak und andere bekömmliche Krautpflanzen)

2 Frühlingszwiebeln

2 TL edelsüßes Paprikapulver

1 TL Salz

½ TL Cayennepfeffer

2 TL Zitronensaft

1 EL Pflanzenöl

6. Den Teig vorsichtig am rechten und linken Rand anheben und mit den Fingern mittig über der Füllung zusammendrücken. Von dieser Mitte aus jeweils nach oben und nach unten genauso verfahren und den restlichen offenen Rand zusammendrücken, sodass eine durchgehende Naht entsteht. Die beiden Spitzen gut zusammenpressen und etwas einklappen, damit nichts herausfallen kann. Jetzt müsste es wie eine riesige Teigtasche aussehen. Mit der Handkante die Teignaht andrücken, damit der Fladen gut verschlossen ist und sich die Naht beim Garen nicht öffnet. Den Fladen nun mit der Naht nach unten auf die Arbeitsfläche legen und mit der Handfläche leicht flachdrücken, bis er nur noch etwa 1 cm dick ist.

7. Mit der zweiten Teigkugel ebenso verfahren, die dritte und vierte Kugel noch ruhen lassen.

8. Eine ausreichend große Pfanne auf dem Herd erhitzen (ideal sind gusseiserne oder schmiedeeiserne Pfannen, aber auch Pfannen mit einer hohen Wärmeleitfähigkeit funktionieren hierfür gut). Einen Fladen mit der Naht nach unten hineinlegen und bei mittlerer Hitze etwa 3 Minuten garen, danach wenden und weitere 2 Minuten garen. Beide Seiten sollten goldbraun sein und nicht mehr roh aussehen. Bei Bedarf die Seiten jeweils noch 1–2 Minuten garen. Herausnehmen und auf eine Servierplatte geben. Den zweiten gefüllten Fladen ebenso garen.

9. Während die ersten zwei Fladen in der Pfanne garen, auch die beiden verbliebenen Teigfladen mit der Kräutermischung füllen, verschließen, plattdrücken und nacheinander in der Pfanne garen.

10. Jingalov Hats sofort warm servieren, sie schmecken aber kalt ebenso gut. Im Kühlschrank halten sich die gefüllten Fladen etwa 3 Tage, im Eisfach bis zu 2 Monate. Tiefgekühlte Fladen im Ofen bei 200 °C Umluft etwa 10 Minuten knusprig aufbacken.

»Jingalov Hats« bedeutet wörtlich übersetzt »Brot mit Kräutern«, wobei »Jingal« ein Dialektwort ist und vom persischen »jangal« abstammt, was »Laubwald« bedeutet. Diese mit frischen Kräutern gefüllten flachen Brotfladen sind eine Spezialität der Regionen Arzach (Bergkarabach) und Syunik, die besonders fruchtbar und zugleich bergig sind. Nach traditionellem Rezept werden mindestens zehn verschiedene Kräuter- und Blattgemüsesorten dafür verarbeitet. Armenische Familien bereiten die Fladen meist direkt auf der Stahlplatte ihres Holzofens oder einer Grillplatte zu.

Jingalov Hats können Sie als Frühstück, Mittag- oder Abendessen oder als Snack zwischendurch genießen.

Կարտոֆիլով կարկանդակ
Kartofilov Karkandak
Mit Kartoffeln gefüllte Teigtaschen

vegetarisch

Für 6–8 Portionen

Zeitbedarf:
1 Stunde zubereiten
30 Minuten ruhen lassen
20–30 Minuten backen

Zutaten:

Für den Teig:

1 Ei

250 g griechischer Joghurt oder Sahnejoghurt

80 g saure Sahne (alternativ Crème fraîche)

1 TL Salz

2 TL Zucker

1 TL Backpulver

420 g Weizenmehl Type 550 (alternativ Type 405) + etwas Mehl für die Arbeitsfläche

1 TL Pflanzenöl

1. Für den Teig das Ei in einer großen Schüssel aufschlagen, leicht verquirlen und mit Joghurt, saurer Sahne, Salz, Zucker und Backpulver glattrühren. Nach und nach Mehl unterrühren.
2. Arbeitsfläche mit Mehl bestäuben und den Teig glatt kneten. Falls er zu klebrig bleibt, mehr Mehl untermischen, aber nur so viel, wie nötig ist.
3. Rührschüssel reinigen, innen dünn mit Öl bestreichen. Teig zu einer Kugel formen, in die Schüssel legen, mit einem Küchenhandtuch bedecken und mindestens 30 Minuten ruhen lassen.
4. Währenddessen für die Füllung Kartoffeln schälen und würfeln. In einem Topf mit reichlich gesalzenem Wasser etwa 15 Minuten weich kochen.
5. Derweil Zwiebel schälen und sehr fein würfeln. In einer großen Pfanne Butter und Öl erhitzen und die Zwiebelwürfel bei niedriger Hitze goldbraun braten, aber nicht zu dunkel werden lassen.
6. Kräuter waschen, trocken schütteln, Blätter abzupfen und sehr fein hacken.
7. Weichgekochte Kartoffeln vorsichtig in einem Sieb abgießen und zurück in den Topf geben. Gebratene Zwiebeln zusammen mit dem Bratfett hinzugeben. Gehackte Kräuter und die Gewürze hinzugeben. Mit einem Kartoffelstampfer alles zerstampfen und beiseitestellen.

→

Für die Füllung:
5 mittelgroße mehligkochende Kartoffeln

1 EL Salz

½ Gemüsezwiebel

50 g Butter

1 TL Pflanzenöl

10 g Petersilie

10 g Koriander

5 g Dill

1 Prise schwarzer Pfeffer aus der Mühle

1 Prise edelsüßes Paprikapulver

Bei Zubereitung auf dem Herd:
Mindestens 200 ml Pflanzenöl mit einem hohen Rauchpunkt zum Frittieren

Bei Zubereitung im Backofen:
1 EL Pflanzenöl

8. Arbeitsfläche mit Mehl bestäuben, den Teig darauf dünn ausrollen und mithilfe einer kleinen Müslischale oder einem entsprechend großen Ausstecher kreisförmig ausstechen, der Durchmesser sollte 10–12 cm betragen. Je 1 EL der Kartoffelfüllung mittig auf den Teigkreisen verteilen. Jedes Teigstück zusammenfalten, die Naht gut zusammendrücken und leicht flach drücken.
9. Für die Zubereitung auf dem Herd Öl in einer geeigneten Pfanne oder einem Topf heiß werden lassen und die Teigtaschen darin 2–3 Minuten pro Seite frittieren, bis sie goldbraun sind. Auf Küchenpapier abtropfen lassen und noch warm servieren.
10. Für die Zubereitung im Ofen den Backofen auf 200 °C Umluft vorheizen. Teigtaschen rundherum mit Öl bestreichen. Ein Backblech mit Backpapier auslegen, die Teigtaschen darauf geben und im Ofen 20–30 Minuten goldbraun backen. Noch warm servieren.

Ein weiteres Beispiel für den immensen Einfluss russischer und osteuropäischer Küche dank jahrzehntelanger Sowjetherrschaft sind diese würzig gefüllten und frittierten Teigtaschen, die auch in der armenischen Alltagssprache unter ihrem russischen Namen »Piroshki« bekannt sind. Mittlerweile hat sich aber daneben die armenische Bezeichnung »Karkandak« wieder eingebürgert. Zu den häufigsten Füllungen gehören neben der hier vorgestellten Kartoffelmasse mit Zwiebeln auch Hackfleisch, Kohl oder Pilze.

Diese Teigtaschen sind in Armenien besonders als Streetfood beliebt: Bäckereien, Kioske und Imbisse verkaufen sie an jeder Straßenecke sehr günstig und in meist sehr guter Qualität. Trotzdem bereiten armenische Familien sie auch gern zu Hause nach eigenem Geschmack zu.

Լոշմիս / Լահմաջո

Loshmis / Lahmajo

»Armenische Pizza«

mit Fleisch

Für 7–8 Portionen

Zeitbedarf:
25 Minuten zubereiten
60 Minuten (Hefeteig)

Zutaten:

Für den Hefeteig:

1 Pck. Trockenhefe

150 ml lauwarmes Wasser

250 g Weizenmehl + etwas Mehl für die Arbeitsfläche

1 TL Salz

1 gestr. TL Zucker

2 EL Olivenöl

Für den Belag:

1 mittelgroße Zwiebel

1–2 Knoblauchzehen

1 grüne Peperoni (optional)

1 Bund Petersilie

150 g Rinderhackfleisch (alternativ gemischtes Hackfleisch aus Rind und Schwein)

½ Dose gehackte Tomate (Abtropfgewicht 240 g)

½ TL Salz

½ TL schwarzer Pfeffer aus der Mühle

1 TL edelsüßes Paprikapulver

1 Zitrone

1. Trockenhefe in lauwarmem Wasser auflösen, gut umrühren und ca. 3 Minuten ruhen lassen.
2. Mehl, Salz und Zucker in eine Schüssel geben und vermischen. In die Mitte der Mischung eine Kuhle drücken. Aufgelöste Hefe und Olivenöl hineingießen. Alle Zutaten miteinander vermengen und den Teig für etwa 5 Minuten kneten. Gegebenenfalls noch etwas Olivenöl und Mehl hinzufügen, damit der Teig weniger klebt. Die Masse sollte danach eine elastische Konsistenz haben und leicht zurückfedern, wenn man sie mit dem Finger eindrückt.
3. Teig zu einer Kugel formen und in eine große Schüssel geben. Schüssel abdecken und für etwa 60 Minuten an einem warmen Ort gehen lassen.
4. Zwiebel, Knoblauch, Peperoni und Petersilie fein hacken. Zusammen mit Hackfleisch und gehackten Tomaten in eine Schüssel geben und miteinander vermengen. Mit Salz, Pfeffer und Paprikapulver würzen. Die Konsistenz sollte saftig und relativ flüssig sein.
5. Backofen auf 230 °C Ober-/Unterhitze (210 °C Umluft) vorheizen.
6. Teig in 7–8 etwa 70 g schwere Stücke aufteilen. Auf einer bemehlten Fläche zu dünnen, runden Fladen ausrollen. Backpapier auf Backblech auslegen. Teigfladen darauf ausbreiten und die Hackfleischmischung sparsam auftragen. Dabei einen dünnen Rand aussparen. Für 5–8 Minuten backen, bis das Fleisch gar und der Rand goldbraun gebacken ist.
7. Zum Servieren leicht mit Zitronensaft beträufeln und zu einem Wrap zusammenrollen.

Tipp: Als Getränk passt hierzu wunderbar ein kühles Glas Tan (siehe Seite 234)

»Loshmis«, auch »Lahmajo«, zählt in Armenien zu den beliebtesten Streetfood-Gerichten.

Das Gericht soll seine Ursprünge entlang der Seidenstraße haben. Damals seien es die Frauen wohlhabender Kaufleute gewesen, die saftig belegte Teigfladen in Karawansereien über offener Flamme gebacken und serviert haben. Der Name »Lahmajo«, der auch in Armenien geläufig ist, hat daher seine Wurzeln im Arabischen. Armenische Einwanderer aus dem arabischen Raum brachten die Loshmis dann zwischen den 1930er- und 1970er-Jahren in die damalige Sowjetrepublik Armenien. Damals kamen Hunderttausende von ihnen im Zuge mehrerer Repatriierungswellen als sogenannte »Hayrenadartsner« (»Rückkehrer«) ins sowjetisch geprägte Armenien. Mit im Gepäck: Rezepte, die sie aus dem Libanon und aus Syrien kannten.

Մսով նրբաբլիթ

Msov Nrpablit

Mit Hackfleisch gefüllte Pfannkuchenröllchen

mit Rindfleisch

Für 4–6 Portionen

**Zeitbedarf:
2 Stunden zubereiten**

Zutaten:

Für die Füllung:
2 Eier
etwas Essig
1 Gemüsezwiebel
800g Rinderhackfleisch
3 EL Pflanzenöl
1 TL Salz
½ TL schwarzer Pfeffer aus der Mühle
1 TL edelsüßes Paprikapulver
1 Prise Kreuzkümmel/Cumin
1 Prise gem. Koriandersaat
1 Prise Currypulver (optional)
2 Stängel frische Petersilie (alternativ 1 EL getr. gehackte Petersilie oder 1 EL TK Petersilie)

Für die Füllung

1. Eier in einem Topf mit Wasser und einem Spritzer Essig ca. 10 Minuten hart kochen, dann abgießen und abschrecken.
2. In der Zwischenzeit Zwiebel schälen, sehr fein hacken oder reiben und mit dem Hackfleisch mischen.
3. Öl in einer großen Pfanne erhitzen und die Hackmischung darin unter regelmäßigem Rühren bei mittlerer bis hoher Hitze braten, bis das Fleisch gar und jegliche Flüssigkeit verdunstet ist. Herd ausschalten, Hackmischung mit den Gewürzen abschmecken.
4. Petersilie waschen, trocken schütteln und sowohl Blätter als auch Stängel sehr fein hacken. Zum Hack geben und gut vermengen. Alles abkühlen lassen.
5. Abgekühlte Eier pellen, fein hacken und zur Hackmischung geben. Diese fertige Füllung direkt weiterverwenden oder gut verschlossen im Kühlschrank bis zu 5 Tage aufbewahren.

Für die Pfannkuchen

1. Eier in einer ausreichend großen Schüssel aufschlagen. Zucker hinzugeben und mit einem Schneebesen oder einem Handrührgerät glatt rühren.
2. Butter in einer kleinen Pfanne oder in der Mikrowelle (bei geringer Wattzahl) schmelzen.
3. Milch, geschmolzene Butter und Salz zur Eimasse in die Schüssel geben.
4. Mehl sieben und portionsweise mit dem Handrührgerät in die Mischung hineinrühren. Sobald der Teig glatt ist, sollte die Konsistenz dünnflüssiger sein als herkömmlicher Pfannkuchenteig und eher an Crêpe-Teig erinnern. Ist er zu dickflüssig, mit ein wenig Milch nachjustieren. Ist er zu dünnflüssig, etwas Mehl hineinsieben und gut mischen.

→

Für die Pfannkuchen:
4 Eier + 1 Ei zum Bestreichen

1 EL Zucker

50 g Butter

500 ml Milch (+ eventuell mehr je nach Bedarf)

2 TL Salz

500 g Weizenmehl (+ eventuell mehr je nach Bedarf)

1–2 EL Pflanzenöl

Zum Braten:
3 EL Pflanzenöl

5. Beschichtete Pfanne auf dem Herd auf mittlerer Stufe erhitzen, Pflanzenöl in ein kleines Schälchen füllen und mit einem hitzebeständigen Backpinsel die Pfanne damit bestreichen. Mit einer kleinen Kelle etwas Teig in die heiße Pfanne gießen und dabei die Pfanne sofort vorsichtig schwenken und kippen, um den dünnen Teig gleichmäßig auf dem Pfannenboden zu verteilen. Pfanne wieder auf den Herd stellen. Sobald sich der Teig an den Rändern leicht vom Pfannenboden löst, kann er gewendet werden. In der Regel ist das nach 20–30 Sekunden der Fall, die Pfannkuchen sollen hauchdünn werden und eher an Crêpes erinnern. Einen flachen Pfannenwender zu Hilfe nehmen, den Pfannkuchen wenden und weitere 20–30 Sekunden braten. Er sollte nicht zu dunkel werden, da er im gefüllten und gerollten Zustand noch ein weiteres Mal gebraten werden soll.
6. Pfannkuchen auf einem Teller ablegen. Pfanne erneut mithilfe des Backpinsels leicht fetten und mit dem restlichen Teig weitere Pfannkuchen backen, bis der Teig aufgebraucht ist. Gestapelte Pfannkuchen abkühlen lassen.

Zum Füllen und Rollen:

7. Ein Küchenbrett, die Hackfüllung und die Pfannkuchen bereitstellen. Ei in einer kleinen Schale oder Tasse aufschlagen, mit 1 TL Wasser glatt rühren und ebenfalls bereitstellen.
8. Einen Pfannkuchen auf das Brett legen und ein wenig Eierstreich mit dem Finger ringsherum auf dem Rand verteilen. 1 EL Hackfüllung länglich aufs untere Viertel des Pfannkuchens platzieren, dabei etwa einen Fingerbreit Platz zum Rand lassen. Erst den jeweils linken und rechten, dann den unteren Rand einklappen. Pfannkuchen vom eingeklappten unteren Rand her aufrollen.
9. Röllchen mit der »Naht« nach unten in eine große Frischhaltedose legen. Mit den restlichen Pfannkuchen ebenso verfahren, bis alle aufgebraucht sind.
10. Die Pfannkuchenröllchen entweder direkt weiterverwenden oder gut verschlossen im Kühlschrank bis zu 3 Tage oder im Eisfach bis zu 1 Monat aufbewahren.
11. Zum Braten Öl in einer Pfanne erhitzen. Gewünschte Anzahl Röllchen bei mittlerer Hitze portionsweise rundherum goldbraun und knusprig anbraten und auf ein Küchentuch legen, das überschüssiges Fett aufnimmt. Noch warm servieren.

Tipp: Dazu passt ein Klecks saure Sahne oder Schmand.

Zur Zeit der Sowjetunion fanden auch die typisch russischen Pfannkuchen ihren Weg in die Kochkultur Armeniens, wo sie als »Blinchik« bekannt wurden. Eigentlich wäre »Blinchiki«, also die Pluralform des russischen Wortes, richtig, doch in der armenischen Umgangssprache wurde das Plural-i einfach gestrichen. Der armenische Name »Nrpablit« konnte sich im Alltag sehr lange nicht durchsetzen, da auch sprachlich die russische Prägung der Armenier*innen sehr stark war.

Mit Hackfleisch gefüllt und knusprig gebraten sind diese Röllchen vor allem ein armenisches Feiertagsessen, besonders an Silvester (für die Alltagsküche ist die Zubereitung zu aufwendig und zeitintensiv). Der große Vorteil dieses Gerichts liegt darin, dass man es gut vorbereiten kann: Die fertig gerollten Nrpablit können bei Bedarf aus dem Kühlschrank oder Gefrierfach genommen und erst kurz vor dem Servieren angebraten werden.

Für eine vegetarische Variante das Rinderhack wahlweise durch vegetarisches Hack oder herzhaft gegartes Gemüse ersetzen. Besonders empfehlenswert und erprobt sind hierfür etwa Pilze, Linsen und Bohnen, grünes Blattgemüse wie Spinat und Mangold oder Kartoffeln und Möhren.

Մսով Թխվածք

Msov Tghvatsq

Mit Fleisch gefüllte Teigtaschen

mit Fleisch

Für 24 Portionen

Zeitbedarf:
30 Minuten zubereiten
20 Minuten backen

Zutaten:

Für den Teig:

4 Eier (Größe M)
2 EL Zucker
1 Prise Salz
2 EL geschmolzene Butter
2 EL Pflanzenöl
500 ml Joghurt (3,5 % Fett oder griechischer Joghurt)
2 EL Essig (z. B. Apfelessig)
1 TL Backpulver
500–800 g Weizenmehl (oder Dinkelmehl)

Für die Füllung:

70 g Reis
2 EL Pflanzenöl
500–700 g gemischtes Hackfleisch aus Rind und Schwein (alternativ Hackfleischsorte nach Belieben)
2 große Zwiebeln
50 g Petersilie
1 TL Salz
½ TL schwarzer Pfeffer aus der Mühle

1. Für den Teig 3 Eier, Zucker, Salz, Butter, Pflanzenöl, Joghurt, Essig und Backpulver in einer großen Schüssel vermengen. Zunächst 500 g Mehl hinzugeben und verrühren. Weiteres Mehl beimischen, bis ein weicher, nicht klebriger Teig entsteht. Die Arbeitsfläche bemehlen, Teig darauf kneten und in zwei gleich große Stücke teilen.
2. Für die Füllung Reis garen und beiseitestellen. Pflanzenöl in einer Pfanne erhitzen und Hackfleisch darin anbraten. Zwiebeln abziehen, fein hacken und dazugeben. Gekochten Reis unterrühren. Petersilie waschen, trocken schütteln, fein hacken und ebenfalls hinzugeben. Mit Salz und Pfeffer abschmecken.
3. Die Teigstücke zu gleich großen Fladen ausrollen. Einen der Fladen mit der Hackfleischfüllung belegen und den zweiten Teigfladen darüberlegen. Die beiden Fladen an den Kanten zusammendrücken.
4. Den Backofen auf 200 °C Ober-/Unterhitze (180 °C Umluft) vorheizen.
5. Das verbliebene Ei aufschlagen, verquirlen und die obere Teigschicht damit bestreichen. Für etwa 20 Minuten goldbraun backen.

Für die Füllung gibt es viele Varianten. Zum Beispiel kann anstelle des gemischten Hackfleischs auch Geflügelhack verwendet werden. Dazu noch zwei mittelgroße Möhren fein raspeln und mit dem Hack und den weiteren oben genannten Zutaten anbraten.

»Msov Tghvatsq« schmeckt sowohl frisch aus dem Ofen als auch kalt. Es lässt sich wunderbar im Kühlschrank für einige Tage aufbewahren und ist zum Einfrieren geeignet. Dadurch ist es ein perfekter Partysnack.

Պանրխաշ

Panr-Khash

Armenische »Käsespätzle« aus Lavash

vegetarisch

Für 4 Portionen

Zeitbedarf:
15–20 Minuten zubereiten

Zutaten:

1 große Gemüsezwiebel

2 EL Pflanzenöl

3 EL Butter

½ TL schwarzer Pfeffer aus der Mühle

240 g Lavash (alternativ arabisches oder türkisches dünnes Fladenbrot)

200 g Fadenkäse (alternativ 80 g Mozzarella + 80 g Feta + 40 g Parmesan)

480 ml Wasser

1. Zwiebel schälen, würfeln und in einer Pfanne etwa 1–2 Minuten stark erhitzen, dann Öl und Butter hinzufügen. Zwiebelwürfel bei mittlerer bis hoher Hitze etwa 5 Minuten goldgelb braten, mit Pfeffer würzen.
2. Derweil Lavash mit einer Schere in Streifen schneiden. Diese sollten höchstens die Länge und Breite eines kleinen Fingers haben. Fadenkäse in dünne Streifen zupfen, alternativ hacken.
3. Gebratene Zwiebeln inklusive Bratfett in eine kleine Schale geben und beiseitestellen. In dieselbe Pfanne das Wasser füllen und aufkochen.
4. Die Böden von 4 Müslischalen mit je einer dünnen Schicht Lavash bedecken, darauf eine dünne Schicht Käse verteilen. Lavash und Käse abwechselnd übereinander schichten, bis beides aufgebraucht ist. Die gebratenen Zwiebeln mit dem Bratfett zuletzt auf die Schichten geben. Das kochende Wasser gleichmäßig über die Schichten gießen. Jede Schüssel sofort mit einem flachen Teller o. Ä. abdecken und etwa 3 Minuten ruhen lassen. Noch heiß servieren.

Tipp: Fadenkäse bekommen Sie in den meisten türkischen Lebensmittelmärkten. Sollten Sie jedoch keinen auftreiben, können Sie die oben beschriebene Käsemischung als Ersatz nehmen. Wichtig ist, dass der Anteil an salzigen Käsesorten hoch genug ist, da im Rezept kein zusätzliches Salz zum Einsatz kommt.

»Panr-Khash« bedeutet wörtlich übersetzt »Käse wird gekocht«, was dieses einfache Gericht, das ein wenig an Käsespätzle erinnert, perfekt beschreibt. Es entstand zunächst als improvisiertes Alltagsessen, als aus wenigen Zutaten eine schnelle, warme und sättigende Mahlzeit bereitet werden musste. Als Ursprungsort wird Erzurum in der heutigen Türkei vermutet. Nach 1915 brachten die von dort stammenden Völkermord-Überlebenden das Rezept nach Armenien.

Մանթի
Manti
Gebackene Mini-Teigtaschen mit Hackfleisch

mit Fleisch

Für 4–6 Portionen

Zeitbedarf:
3 Stunden zubereiten
30–60 Minuten ruhen
30 Minuten garen

Zutaten:

Für den Teig:
375 g Weizenmehl + etwas Mehl für die Arbeitsfläche
2 Eier (Größe M)
1 TL Olivenöl
120 ml warmes Wasser
½ TL Salz

Für die Füllung:
1 mittelgroße weiße Zwiebel
2 EL Olivenöl
1 Knoblauchzehe
350 g Rinderhackfleisch
1 TL Salz
1 Prise schwarzer Pfeffer aus der Mühle
Aleppo-Pfeffer (nach Belieben)
15 g Koriander (frisch)
15 g glatte Petersilie (frisch)
6 EL Butter

1. Mehl auf die saubere Arbeitsfläche oder eine Backmatte geben und in die Mitte der Masse eine Kuhle drücken. Eier aufschlagen und hineingeben. Öl, Wasser und Salz hinzugeben. Mit einer Gabel die flüssigen Zutaten vorsichtig miteinander vermengen und nach und nach mehr Mehl unterrühren. Den Teig für etwa 5 Minuten mit den Händen kneten, bis er zu einem glatten, elastischen Ball geformt werden kann. Gegebenenfalls noch etwas Mehl hinzugeben, damit der Teig weniger klebt. Die Teigkugel in Frischhaltefolie wickeln und bei Raumtemperatur für mindestens 30–60 Minuten ruhen lassen.
2. Für die Füllung Zwiebel sehr fein hacken und in Olivenöl bei mittlerer Hitze anbraten. Knoblauch pressen und hinzugeben. Sobald die Zwiebeln weich werden, die Pfanne vom Herd nehmen und alles leicht abkühlen lassen.
3. In einer Schüssel das Hackfleisch mit Salz, Pfeffer, Aleppo-Pfeffer nach Belieben würzen. Koriander und Petersilie sehr fein hacken und hinzugeben. Die abgekühlte Zwiebel-Knoblauch-Mischung ebenfalls unterrühren. Alles gut miteinander vermengen.
4. Den Teig in 5 gleich große Kugeln aufteilen, die Arbeitsfläche sparsam bemehlen und den Teig zu einem 3–5 mm dicken Fladen ausrollen. Es ist wichtig, dass die Oberfläche des Teigs nicht zu stark bemehlt ist, damit sie zum Herstellen der Manti ausreichend klebrig ist. Ebenso empfiehlt es sich, die übrigen Teigkugeln wieder in Folie zu wickeln, damit sich keine Kruste bildet.
5. Mit einem Pizzamesser den Teigfladen in viele kleine Quadrate mit einer Seitenlänge von 3–4 cm aufteilen. Wie klein die Quadrate letztendlich werden, ist eine individuelle Entscheidung.

→

Für die Tomatensauce:
1 EL Olivenöl

1 Knoblauchzehe

200–250 ml passierte Tomaten

1–2 EL Tomatenmark

120 ml Hühnerbrühe

1 Prise Salz

1 Prise schwarzer Pfeffer aus der Mühle

Für das Skhtor Matsun mit Sumach:
1 Knoblauchzehe

250 ml Joghurt (griechisch)

1 Prise Salz

Sumach (nach Belieben)

6. Die Füllung nun in die Mitte der Teigquadrate geben. Bei einer Seitenlänge von 3–4 cm etwa eine kichererbsengroße Menge der Hackfleischmischung verwenden. Die fertigen Manti sollten wie kleine Schiffchen aussehen. Hierzu jeweils die Ecken der Teigquadrate aneinander kleben. Die Mitte der Manti bleibt offen, damit die Fleischfüllung sichtbar ist. Sollte der Teig nicht ausreichend kleben, Fingerspitzen mit Wasser befeuchten.
7. Den Backofen auf 210 °C Ober-/Unterhitze (190 °C Umluft) vorheizen.
8. Butter zum Schmelzen bringen und eine ofenfeste Backform großzügig damit einfetten. Ein wenig geschmolzene Butter übrig lassen. Die fertigen Manti eng aneinandergereiht in der Backform platzieren. Mit der übrigen Butter die Oberfläche der rohen Manti bepinseln, damit sie im Ofen knusprig braun werden. Manti für mindestens 30 Minuten backen, bis der obere Rand des Teigs goldbraun und die Fleischfüllung gar ist.
9. Für die Tomatensauce Olivenöl in einer tiefen Pfanne erhitzen. Knoblauch pressen und darin anbraten. Passierte Tomaten mit dem Tomatenmark und der Hühnerbrühe hinzugeben und gut verrühren. Mit Salz und Pfeffer nach Belieben würzen, sodass eine fruchtige, recht flüssige Tomatensauce entsteht.
10. Zusätzlich zur Tomatensauce wird Knoblauchjoghurt (»Skhtor Matsun«) mit Sumach gereicht. Hierzu eine Knoblauchzehe pressen und mit Joghurt vermengen. Nach Belieben salzen und mit Sumach würzen.
11. Die Tomatensauce über die fertigen Manti geben und mit Skhtor Matsun garnieren.

»Manti« gehören zu den Gerichten, die den Unterschied zwischen west- und ostarmenischer Esskultur sehr deutlich machen. Während die ostarmenische Küche, also die der heutigen Republik Armenien, lange Zeit »Pelmeni« und »Khinkali« als Teigtaschen bevorzugte, waren bei Westarmenier*innen die winzigen Manti-Schiffchen beliebt. Mittlerweile hat sich das geändert und Liebhaber*innen aller Teigtaschenarten kommen in den Yerevaner Restaurants auf ihre Kosten.

Armenische Manti unterscheiden sich von Manti-Varianten anderer Länderküchen durch ihre Form (sie sind oben offen und sehen aus wie kleine Boote) und die Garweise (sie werden nicht in Wasser gekocht, sondern im Ofen gebacken).

Aber woran liegt es eigentlich, dass Teigtaschen heute ein fester Bestandteil der armenischen beziehungsweise kaukasischen Alltagsküche sind? Das soll seine Ursprünge im 13. bis 14. Jahrhundert haben. Damals wurde das Siedlungsgebiet der Armenier*innen von Mongolen besetzt, die dort eben auch ihre kulinarischen Spuren hinterlassen haben.

Կարմիր փլավ

Karmir Plav

Roter Reis mit Rind und Lavash-Kruste

mit Rindfleisch

Für 6 Portionen

Zeitbedarf:
2,5–3 Stunden zubereiten
1,5 Stunden schmoren
40–45 Minuten garen

Zutaten:

500 g durchwachsenes Rindfleisch (etwa aus der Schulter, der Oberschale oder der Hohen Rippe)

4 EL Pflanzenöl

2 TL Salz

250 g Basmati-Reis (alternativ Jasminreis)

1 Gemüsezwiebel

½ TL Currypulver

1 TL edelsüßes Paprikapulver

1 Msp. schwarzer Pfeffer aus der Mühle

3–4 EL Tomatenmark

1 Bogen Lavash, ca. Ø 28 cm (alternativ 1 Weizentortilla)

1. Rindfleisch abspülen, trocken tupfen und in mundgerechte Würfel schneiden. In einem beschichteten Topf oder einer beschichteten Pfanne 1 EL Öl erhitzen und das Fleisch darin bei hoher Hitze kräftig von allen Seiten anbraten. Mit 500 ml Wasser aufgießen, 1 TL Salz hinzugeben, aufkochen, danach die Hitze auf ein Minimum reduzieren. Zugedeckt etwa 1,5 Stunden schmoren. Sobald das Fleisch weich ist, den Herd abstellen.
2. Kurz vor Ende der Fleisch-Garzeit den Reis waschen. Dafür den Reis in eine ausreichend große Schüssel geben, kaltes Wasser hineingeben und mit der Hand mehrmals verrühren. Wasser vorsichtig abgießen und den Vorgang 2- bis 3-mal wiederholen oder bis das Wasser nicht mehr milchig trüb ist. Reis in einem feinmaschigen Sieb abtropfen lassen.
3. Zwiebel schälen und sehr fein würfeln, alternativ reiben. In einem großen, beschichteten Topf 2 EL Öl erhitzen und die Zwiebelwürfel darin bei niedriger Hitze unter Rühren anschwitzen, bis sie glasig sind und leicht goldbraun werden.
4. Gewürze hinzugeben und verrühren. Erst dann Tomatenmark dazugeben, so bleibt die rote Farbe besonders kräftig erhalten. Alles kurz rösten, dann mit 2 EL Wasser ablöschen.
5. Rindfleisch, die Rinderbrühe und den Reis hinzugeben. Umrühren, aufkochen lassen und die Hitze auf ein Minimum reduzieren. Zugedeckt etwa 20 Minuten garen, bis das Wasser fast vollständig eingezogen ist, dabei nicht mehr umrühren.
6. Inhalt des Topfes vorsichtig in eine große, hitzebeständige Schüssel (oder einen zweiten Topf) füllen. Restliches Öl in den leeren Topf gießen, bis der Boden bedeckt ist. Lavash darauf legen und die Reismischung darauf verteilen. Küchenhandtuch um den Deckel wickeln, Deckel zurück auf den Topf setzen und alles bei mittlerer Hitze 10–15 Minuten weiter garen.

→

7. Zum Servieren den Deckel abnehmen, einen flachen, großen Servierteller (zum Beispiel einen Pizzateller) umgedreht über den Topf stülpen (und darauf achten, dass zwischen Topfrand und Teller keine Lücke entsteht). Mit beiden Händen Topfgriffe und Tellerrand festhalten und schwungvoll den Reis auf den Teller stürzen. Topf vorsichtig anheben.
8. Die Reis-»Torte« liegt nun mit der Lavash-Kruste nach oben auf dem Teller und kann mit einer Küchenschere wie eine Torte aufgeschnitten werden.

Tipps: Dazu passen salzig eingelegtes Gemüse, »Khare Ttu« (siehe Seite 70), und frische Frühlingszwiebeln.

Für die vegetarische/vegane Variante das Rindfleisch weglassen oder durch gebratene Pilze ersetzen und statt Rinderbrühe Gemüsebrühe oder Wasser verwenden.

Armenier*innen machten im Iran (und zuvor im Persischen Reich) schon immer eine große Minderheit aus. Ihre Zahl wuchs in den 1920er-Jahren weiter an, nachdem ein Teil der Genozid-Überlebenden aus dem Osmanischen Reich in den Iran kam. Mitte des 20. Jahrhunderts zogen dann Zehntausende im Rahmen eines speziellen Rückführungsprogramms (»Mets Hayrenadartsutsyun«) aus dem Iran nach Sowjetarmenien. Auch Annas Großvater, der im Iran geboren und aufgewachsen ist, gehörte als junger Mann dazu. Die »Parskahay«, wie die »Persisch-Armenier« auf Armenisch genannt werden, prägten auf ihre Art die Küche Armeniens: Mit den eher bescheidenen Mitteln des sowjetischen Armeniens interpretierten diese Familien die traditionell persischen Gerichte neu. So wurden etwa die vielfältigen Gewürze und Zutaten durch einfachere Würzmittel wie Pfeffer, Paprikapulver, Bockshornklee und Zimt ersetzt und dafür umso ausgiebiger mit frischen und getrockneten Kräutern gearbeitet.

Der Rote Reis ist aus Familien mit diesen »Parskahay«-Wurzeln nicht wegzudenken. Besonders zu Familienfeiern wird diese opulente Reis-Torte serviert, wobei ein Stück der knusprig-dünnen »Lavash«-Kruste das Highlight auf dem Teller ist.

Թաթար բորակի
Tatar Boraki
Schnelle Nudeln

vegetarisch

Für 2 Portionen

Zeitbedarf:
30 Minuten zubereiten
20 Minuten ruhen lassen

Zutaten:

Für den Teig:
400 g Mehl + etwas Mehl für die Arbeitsfläche
200 ml Wasser
1 Ei
1 TL Salz

Für die gebratenen Zwiebeln »Sokharats«:
2 mittelgroße Zwiebeln
2 EL Pflanzenöl
1 Prise Salz

Für die Joghurt-Sauce »Skhtor Matsun«:
1 Knoblauchzehe
250 g Joghurt (min. 3,5 % Fett)
1 Prise Salz

1. Für den Teig Mehl, Wasser, Ei und Salz in eine Schüssel geben und zu einem festen und krümeligen Teig kneten. Arbeitsfläche bemehlen, Teig darauf geben und so lange kneten, bis er weicher und glatter ist. Zu einer Kugel formen, mit Frischhaltefolie bedecken und rund 20 Minuten ruhen lassen.
2. Währenddessen die Toppings vorbereiten: Für Sokharats die Zwiebeln fein würfeln und in Öl etwa 10 Minuten bei mittlerer Hitze weich und goldbraun braten. Salzen und in der Pfanne für später beiseitestellen.
3. Für Skhtor Matsun den Knoblauch schälen und in den Joghurt pressen. Salzen und für später beiseitestellen.
4. Teigkugel nach dem Ruhen erneut rundherum großzügig bemehlen und mit einem Nudelholz zu einem etwa 5 mm dünnen Rechteck ausrollen.
5. Den Teig in Quadrate oder Rauten schneiden, deren Seiten ungefähr 3 cm lang sind.
6. Die Zwiebelwürfel in der Pfanne bei niedriger Hitze sanft aufwärmen.
7. Währenddessen in einem großen Topf ausreichend Wasser mit viel Salz zum Kochen bringen.
8. Die Tatar Boraki ins kochende Salzwasser geben und kochen, dabei regelmäßig rühren, damit sie nicht aneinander kleben. Sobald sie oben schwimmen, die Hitze reduzieren und die Nudeln weitere 3–4 Minuten ziehen lassen.
9. Sofort mit Skhtor Matsun und Sokharats servieren.

Կանաչ լոբին ձվով

Kanach Lobin Dsvov

Grüne Bohnen mit Rührei

vegetarisch

Für 2 Portionen

Zeitbedarf:
20 Minuten zubereiten

Zutaten:

500 g Stangenbohnen

Salz

1 große Zwiebel

50 g Butter

2 EL Pflanzenöl

3 Eier (Größe M)

schwarzer Pfeffer aus der Mühle

½ Bund Koriander (frisch)

1. Stangenbohnen gründlich waschen, Enden abschneiden und in mundgerechte Stücke schneiden. In sprudelndem Salzwasser für 10–15 Minuten kochen, bis sie bissfest sind. Wasser abgießen und Bohnen in einem Sieb abtropfen lassen.
2. Zwiebel fein hacken. Eine Pfanne erhitzen, Butter und Öl hineingeben und Zwiebeln dahin anbraten, bis sie glasig sind. Bohnen hinzugeben und mit Zwiebeln vermengen.
3. Eier aufschlagen und in einer kleinen Schüssel gut mischen. Leicht salzen, über die Bohnen und Zwiebeln geben und gut vermengen.
4. Mit Salz und Pfeffer nach Belieben würzen. Koriander fein hacken und mit dem fertigen Rührei vermischen.

Tipp: Zum Rührei mit Tomate passen beispielsweise frische Kräuter wie Koriander oder Estragon. Bei den Grünen Bohnen mit Rührei können Sie den Koriander durch frische Petersilie ersetzen.

Լոլիկով ձվածեղ
Lolikov Dsvadsegh
Rührei mit Tomate

vegetarisch

Für 1 Portion

Zeitbedarf:
20 Minuten zubereiten

Zutaten:

2 große, reife Tomaten

1 EL Butter

½ TL Salz

1 Prise schwarzer Pfeffer aus der Mühle

2 Eier (Größe M)

1. Wasser aufkochen und in eine mittelgroße Schüssel gießen. Die Schale der Tomaten kreuzweise einschneiden und die Tomaten ganz in das heiße Wasser geben und einige Minuten ziehen lassen. Tomaten entnehmen, schälen und in grobe Stücke schneiden.
2. Eine Pfanne erhitzen, Butter darin zum Schmelzen bringen und gleichmäßig verteilen. Tomaten dazugeben und kurz umrühren. Pfanne für 30–45 Sekunden abdecken. Tomaten umrühren und mit einem Kochlöffel zerkleinern. Vorgang so oft wiederholen, bis die Tomaten zu einer weichen Masse eingekocht sind. Mit Salz und Pfeffer abschmecken.
3. Eier in einer Schüssel aufschlagen, gut verquirlen und zur Tomatenmasse in die Pfanne geben. Sobald das Rührei eine cremige Konsistenz annimmt, aus der Pfanne nehmen und noch warm genießen.

Diese beiden Rühreirezepte sind echte Frühstücksklassiker. Am besten schmecken sie mit frischem »Matnakash« (siehe Seite 33). Auch hier gilt, dass jede Familie ihre eigene Art der Zubereitung hat. Daher können Sie diese Rezepte als Basis nehmen und nach Ihrem Geschmack abändern.

Հացով ձվածեղ
Hatsov Dsvadsegh
Armenische Arme Ritter

vegetarisch

Für 4 Portionen

Zeitbedarf:
20–30 Minuten zubereiten

Zutaten:

8 Scheiben Weißbrot (alternativ Toastbrot)

4 Eier

100 ml Milch

1 TL Salz

½ TL schwarzer Pfeffer aus der Mühle

½ TL edelsüßes Paprikapulver (optional)

½ TL Zucker

1 EL Butter

1 TL Pflanzenöl

1. Brotscheiben halbieren. Eier in einer Schüssel aufschlagen, mit Milch verquirlen, mit Salz, Pfeffer, nach Belieben Paprikapulver und Zucker würzen. In einen breiten Behälter füllen. Brot in einer Lage hineinlegen und etwas einweichen lassen, dabei einmal wenden, damit jede Seite gleichmäßig befeuchtet wird.
2. Butter und Pflanzenöl in einer großen Pfanne heiß werden lassen und das eingeweichte Brot portionsweise bei mittlerer bis hoher Hitze von allen Seiten goldbraun und leicht knusprig anbraten. Bei Bedarf die Pfanne zwischen den Portionen nachfetten. Noch warm servieren.

Tipps: Dazu schmeckt frisches Obst und Gemüse.

Für die vegane Variante die Eier weglassen, statt Kuhmilch die doppelte Menge einer pflanzlichen Milchalternative nehmen und mit 1½ EL Speisestärke mischen sowie die Butter durch pflanzliche Margarine ersetzen.

Viele Armenier*innen (darunter unsere Familien) sind sicher verwundert, dass wir dieses Gericht in unser Kochbuch aufgenommen haben: Es ist schließlich gar nicht ausgefallen, extravagant oder fein. Doch genau deswegen wollten wir es aufführen, denn »Hatsov Dsvadsegh« wird in Hunderttausenden armenischen Haushalten zubereitet und gehört zur Alltagsküche einfach dazu. Diese salzige Variante von Armen Rittern wird häufig zum Frühstück oder als schnelles Mittagessen verzehrt, und besonders Kinder lieben dieses Gericht. Es ist schnell gemacht, einfach und günstig – außerdem ist es nahrhaft und spendet Energie.

Բրնձով փլավ

Grundrezept Brindsov Plav

Reis-Pilaw

vegetarisch

Für 4–6 Personen

Zeitbedarf:
40 Minuten zubereiten
20 Minuten garen

Zutaten:

250 g Langkornreis (ideal ist Jasmin- oder Basmati-Reis)

3 EL Butter

½ TL Salz

sauberes Küchenhandtuch zum Dämpfen

1. Reis waschen. Dafür den Reis in eine ausreichend große Schüssel geben, kaltes Wasser hineingeben und mit der Hand mehrmals verrühren. Wasser vorsichtig abgießen und den Vorgang 2- bis 3-mal wiederholen oder bis das Wasser nicht mehr milchig trüb ist. Reis in einem feinmaschigen Sieb abtropfen lassen.
2. Butter in einem großen, beschichteten Topf schmelzen, Reis dazugeben und verrühren, damit jedes Reiskorn gleichmäßig Fett abbekommt. Salzen und mit 350 ml Wasser auffüllen. Verrühren, auf höchster Stufe aufkochen lassen.
3. Nach etwa 5 Minuten die Hitze auf die niedrigste Stufe reduzieren. Reis mit Deckel 20 Minuten garen, bis die Flüssigkeit komplett eingezogen ist. Dabei nicht mehr umrühren.
4. Herd ausschalten. Küchenhandtuch um den Deckel wickeln, zurück auf den Topf setzen und mit der Resthitze weitere 10 Minuten ziehen lassen. Mit einem Holzstäbchen oder dem dünnen Stiel eines Holzlöffels den fertigen Pilaw vorsichtig auflockern und servieren.

Tipps: Dazu passen würzige Fleisch-, Fisch- oder Gemüsegerichte.

Für die vegane Variante die Butter durch pflanzliche Margarine oder Pflanzenöl ersetzen.

Bis zum Beginn des 20. Jahrhunderts war das Flachland rund um Yerevan ein großes Reisanbaugebiet. Doch die Feuchtgebiete ließen auch Anopheles-Mücken gedeihen und führten zu tödlichen Malaria-Epidemien. In den ersten Jahren der Sowjetherrschaft ließ die Führung in Moskau daher die Reisfelder systematisch austrocknen.

Armenische Reisgerichte enthalten fast immer eine großzügige Menge an Fett.

Besonders zu Festtagen werden Reis-Pilaws in unterschiedlichen Varianten zubereitet. Zu Ostern etwa sind klein gehackte getrocknete Früchte wie Aprikosen und Rosinen sowie Mandeln Bestandteil des Gerichts (siehe Seite 116).

Չամիչով և բրնձով փլավ
Chamichov Plav
Osterreis mit Rosinen

vegetarisch

Für 6 Portionen

Zeitbedarf:
45 Minuten zubereiten
20 Minuten garen
10 Minuten ziehen lassen

Zutaten:

250 g Langkornreis (ideal ist Jasmin- oder Basmati-Reis)

100 g Rosinen (alternativ Korinthen oder Sultaninen)

20 g getr. Aprikosen (optional)

20 g getr. Pflaumen (optional)

4 EL Butter

50 g blanchierte, gehobelte Mandeln

1 Msp. Zimt

1 Msp. gem. Piment

2 TL Salz

½ TL schwarzer Pfeffer aus der Mühle

sauberes Küchenhandtuch zum Dämpfen

1. Reis waschen. Dafür den Reis in eine ausreichend große Schüssel geben, kaltes Wasser hineingeben und mit der Hand mehrmals verrühren. Wasser vorsichtig abgießen und den Vorgang 2- bis 3-mal wiederholen oder bis das Wasser nicht mehr milchig trüb ist. Reis in einem feinmaschigen Sieb abtropfen lassen.
2. Trockenfrüchte in einem Sieb unter kaltem Wasser abbrausen, abtropfen lassen. Aprikosen und Pflaumen klein schneiden.
3. Butter in einem großen, beschichteten Topf schmelzen und die Trockenfrüchte darin bei geringer Hitze 3–5 Minuten schwenken, bis sie anfangen zu duften. Mandeln hinzugeben und weitere 2 Minuten unter Rühren anschwitzen. Zimt, Piment, Salz, Pfeffer und Reis hinzugeben, mit 500 ml Wasser auffüllen, gut verrühren und aufkochen lassen.
4. Nach etwa 5 Minuten die Hitze auf die niedrigste Stufe stellen. Reis mit Deckel 20 Minuten garen, bis die Flüssigkeit komplett eingezogen ist. Dabei nicht mehr umrühren.
5. Herd ausschalten. Küchenhandtuch um den Deckel wickeln, zurück auf den Topf setzen und mit der Resthitze weitere 10 Minuten ziehen lassen. Mit einem Holzstäbchen oder dem dünnen Stiel eines Holzlöffels den fertigen Pilaw vorsichtig auflockern und servieren.

In sehr vielen armenischen Familien ist dieses süß-salzige Reisgericht untrennbar mit dem Osterfest verbunden. Am Ostersonntag versammelt sich die gesamte Familie am Tisch, auf dem neben dem Reis auch mit roten Zwiebelschalen gefärbte Eier, frische Kräuter (allen voran Estragon), Forelle (entweder frisch gegart oder geräuchert) und Rotwein zu finden sind. »Lavash« (siehe Seite 30) darf ebenfalls nicht fehlen, sowohl frisch als auch getrocknet. Das trockene Lavash wird in kleine Stücke gebrochen und je ein Stück kommt als Hostie in jedes Rotweinglas.

Արիշտա

Grundrezept Arishta

Armenische Bandnudeln

vegan

Für 4 Portionen

Zeitbedarf:
1,5 Stunden zubereiten
20–30 Minuten ruhen lassen
12 Stunden trocknen (oder über Nacht)
15 Minuten rösten

Zutaten:

400 g Weizenmehl (Type 550) + 100 g Mehl für die Arbeitsfläche

1 TL Salz

200 ml lauwarmes Wasser

mehrere saubere Kleiderbügel, 1 sauberen Wäscheständer oder 1 speziellen Nudeltrockner zum Trocknen

1. Mehl in einer großen Schüssel mit Salz mischen. Wasser hinzugeben und mit den Händen grob durchkneten. Dabei wird sich der Teig gleichzeitig klebrig und trocken anfühlen. Nicht zu lange kneten, der Teig muss nicht glatt werden. Schüssel abdecken und mindestens 20 Minuten ruhen lassen.
2. Danach den Teig entweder mit dem Knethaken für etwa 5 Minuten oder per Hand etwa 10 Minuten durchkneten, bis er sich weich, glatt und nicht mehr klebrig anfühlt.
3. Eine große Arbeitsfläche großzügig mit Mehl bestäuben. Den Teig in vier gleiche Stücke teilen. Ein Stück auf die bemehlte Arbeitsfläche legen und mit einem Nudelholz etwa bleistiftdick ausrollen. Wenn der Teig sich beim Ausrollen immer wieder zusammenzieht, ihn mit einem Küchentuch bedecken, 5–10 Minuten ruhen lassen und es dann erneut versuchen.
4. Teigrechteck großzügig mit Mehl bestäuben und vorsichtig der Länge nach locker aufrollen oder mehrfach übereinander falten, dabei keinen Druck ausüben. Mit einem scharfen Messer die Teigrolle in dünne Streifen schneiden.
5. Die Streifen nochmal mit Mehl bestäuben und mit bemehlten Händen leicht aufschütteln und zügig auseinanderziehen, damit sie nicht verkleben.
6. Die Nudelstreifen mit ausreichend Abstand zueinander zum Trocknen aufhängen. Hierfür eignen sich ein Kleiderbügel, eine Wäscheleine, ein Wäscheständer oder ein spezieller Nudeltrockner.
7. Über Nacht in hängendem Zustand an einem trockenen, nicht zu warmen Ort trocknen lassen. Eine Unterlage darunter legen, damit eventuell herunterfallende Nudeln nicht staubig werden.
8. Sobald die Nudeln vollständig getrocknet sind, den Backofen auf 180 °C Umluft vorheizen.

→

9. Die Nudelstreifen vorsichtig von der Hängevorrichtung lösen (sie sind brüchig, aber keine Sorge: Je ungleichmäßiger die Länge, desto authentischer sind die Arishta).
10. Ein Backblech mit Backpapier auslegen und die Nudelstreifen in einer Lage darauf verteilen. Zwei Bleche verwenden oder portionsweise rösten, falls nicht alle Nudeln in einer Lage aufs Blech passen. Im Ofen 10–15 Minuten rösten, bis die Nudeln goldbraun sind. Blech herausnehmen und alles vollständig abkühlen lassen.
11. Die Arishta-Nudeln lassen sich entweder direkt weiterverwenden, etwa im Nudel-Reis-Gericht Arishtaov ev Brindsov Plav (siehe Seite 128), oder lagern. In einem gut verschlossenen Behälter halten sie sich 1 bis 2 Monate.

»Arishta« ist die armenische Antwort auf italienische Linguine oder asiatische Ramen: Dabei handelt es sich um dünne Bandnudeln aus Weizenmehl, Wasser und Salz.

Der Name geht auf das persische »Erishteh« oder »Reshte« zurück, was auf Farsi »Faden« bedeutet. Traditionell werden Arishta in Armenien per Hand gemacht, doch mittlerweile sind auch industriell hergestellte Varianten weit verbreitet. Das Besondere an Arishta ist der nussige Geschmack, der durch das Rösten der Nudeln entsteht. Das Rösten hat zudem einen weiteren Vorteil: Die starke Hitze tötet mögliche Krankheitserreger im Teig ab. Dadurch ist das Produkt, das in den Dörfern meist im Herbst massenweise von Hand hergestellt wird, extra lange haltbar und bringt die Menschen gut und satt durch den Winter. Um die getrockneten Arishta zuzubereiten, gart man sie einige Minuten in sprudelnd kochendem Wasser, gießt sie durch ein Sieb ab und verfeinert sie nach Geschmack etwa mit geschmolzener Butter, Joghurt mit Knoblauch, gebratenen Pilzen oder anderen gerade verfügbaren Zutaten. Auch in Reisgerichten oder Suppen kommen sie zum Einsatz.

Հարիսա

Harissa

Herzhaftes Porridge mit Huhn

mit Huhn

Für 6 Portionen

Zeitbedarf:
2,5–3 Stunden zubereiten

Zutaten:

6 Hähnchenschenkel (ca. 1,5 kg)

2 TL Salz + mehr zum Nachwürzen

500 g geschälter Weizen

50 g zimmerwarme Butter zum Servieren

schwarzer oder weißer Pfeffer aus der Mühle (optional)

1. Hähnchenschenkel kalt abspülen und trocken tupfen. In einen großen beschichteten Topf legen und mit Salz von allen Seiten einreiben. Mit 4 l Wasser auffüllen. Auf dem Herd aufkochen und dabei Schaum abschöpfen. Nach 5 Minuten die Hitze auf niedrige bis mittlere Stufe reduzieren und 1 Stunde köcheln lassen.
2. In der Zwischenzeit Weizen in einem Sieb unter kaltem Wasser abspülen. In einem großen Topf den Weizen mit 2 l Wasser aufkochen, danach bei niedriger Hitze etwa 1 Stunde weich kochen. Für die Garprobe ein Korn in der Mitte aufschneiden: Ist es im Inneren noch weiß und nicht gequollen, muss der Weizen noch etwas länger kochen.
3. Gegarte Hühnerschenkel aus der Brühe holen und handwarm abkühlen lassen. Brühe durch ein feinmaschiges Sieb in eine Schüssel gießen und den Topf kurz abspülen, um Verunreinigungen vom Kochen zu entfernen. Brühe wieder in den beschichteten Topf gießen, mit einer Schaumkelle den weichgekochten Weizen dazugeben und bei niedriger Hitze köcheln lassen.
4. Währenddessen die Haut von den Hähnchenschenkeln entfernen. Das Fleisch von den Knochen zupfen und in den beschichteten Topf zum köchelnden Weizen geben. Haut und Knochen aufheben. Fleisch und Weizen etwa 1 Stunde köcheln lassen, dabei immer wieder umrühren.
5. In der Zwischenzeit Knochenbrühe zubereiten. Sie wird gebraucht, um die Konsistenz des Harissa anzupassen. Dafür Hühnerknochen und -haut in einen Topf geben, mit kaltem Wasser auffüllen, aufkochen und 20–30 Minuten bei niedriger Hitze köcheln lassen. Hühnerknochen und -haut entfernen und die Brühe durch ein feines Sieb in einen Topf oder eine Schüssel gießen. Neben dem Harissa-Topf bereitstellen. Wird das Harissa beim Köcheln zu fest, löffelweise Knochenbrühe hineingießen und umrühren.

→

6. Das Harissa ist fertig, wenn sich Weizen und Hühnerfleisch zu einem cremigen Brei verbunden haben. Mit Salz abschmecken. Zum Servieren das Harissa noch heiß in Schüsseln oder tiefe Teller füllen und dabei mit einem Löffel eine Mulde in die Mitte der Masse drücken. Pro Portion 1 TL Butter in die Mulde geben. Nach Geschmack mit schwarzem oder weißem Pfeffer würzen.

Tipps: Falls genug Zeit ist, den Weizen über Nacht in Wasser einweichen. Das verkürzt die Garzeit um etwa die Hälfte.

Dazu passen salzig und sauer eingelegte Gemüsesorten wie Gurken, Khare Ttu (siehe Seite 70) und Knoblauch.

»Harissa«, ein einfacher, herzhafter Brei aus nur zwei Zutaten, symbolisiert den Überlebenswillen des armenischen Volkes wie kaum ein anderes Gericht aus der armenischen Küche. Obwohl der Name ähnlich klingt wie die scharfe Würzpaste aus der arabischen Küche, ist armenisches Harissa etwas ganz anderes: Geschälter Weizen und Fleisch verbinden sich zu einem cremigen, wärmenden Brei. Ursprünglich wurde Lamm verwendet, heute kochen die meisten Menschen Harissa mit Huhn. Der Name basiert auf dem Wort »harel«, armenisch für »rühren«, denn die traditionelle Zubereitung erfordert konstantes Rühren, um ein Anbrennen am Topfboden zu verhindern.

Harissa ist jahrhundertealt und wurde früher zum Neujahrsfest serviert, doch während des Genozids an den Armeniern erlangte das Gericht eine weitere, sehr emotionale Bedeutung:

Als 1915 armenische Menschen im Osmanischen Reich millionenfach systematisch verfolgt, deportiert, auf Todesmärsche geschickt und getötet wurden, versammelten sich Tausende Armenier auf dem Berg Musa Ler an der Mittelmeerküste und leisteten zwei Monate lang den mordenden türkischen Truppen erfolgreich Widerstand. Im September 1915 wurden sie schließlich von der französischen Marine gerettet. Während ihres Überlebenskampfes auf dem Berg war Harissa das einzige stärkende Essen, das sie zubereiten konnten: Sie hatten nur Weizen und Schafe vor Ort.

Die Nachfahren dieser Überlebenden ließen sich in der Republik Armenien nieder, gründeten dort eine neue Siedlung namens Musaler und riefen ein jährliches Harissa-Fest ins Leben, um den Kampf ihrer Vorfahren zu ehren und der Opfer des Völkermords zu gedenken.

Արագ հարիսա

»Superschnelles Harissa«

Herzhaftes Porridge aus Haferflocken

mit Huhn

Für 6 Portionen

Zeitbedarf:
20–30 Minuten zubereiten

Zutaten:

1 kg Hühnerbrustfilet (ca. 1,5 kg)

1 l Geflügelfond

400 g Haferflocken

2 TL Salz + mehr zum Nachwürzen

50 g zimmerwarme Butter zum Servieren

schwarzer oder weißer Pfeffer aus der Mühle (optional)

1. Hühnerbrustfilets kalt abspülen, trocken tupfen und gegebenenfalls von Sehnen befreien. Jedes Filet in 3 gleich große Stücke schneiden.
2. In einem großen Topf Geflügelfond mit 1 l Wasser aufkochen, danach den Herd abschalten und warten, bis die Flüssigkeit weder kocht noch siedet. Fleischstücke hineingeben, etwa 5–10 Minuten garziehen lassen, danach mit einem Schaumlöffel herausnehmen und abgedeckt beiseitestellen.
3. Die Brühe erneut aufkochen. Währenddessen das Hühnerfleisch mit zwei Gabeln auseinander pflücken.
4. Haferflocken und zerfasertes Fleisch in die Brühe geben und bei mittlerer Hitze köcheln lassen, bis die Haferflocken aufgequollen sind und die gewünschte Konsistenz erreicht ist. Bei Bedarf etwas heißes Wasser hinzugeben, falls das Harissa zu fest wird.
5. Das Harissa ist fertig, wenn sich Haferflocken und Hühnerfleisch zu einem cremigen Brei verbunden haben. Mit Salz abschmecken. Zum Servieren das Harissa noch heiß in Schüsseln oder tiefe Teller füllen und dabei mit einem Löffel eine Mulde in die Mitte der Masse drücken. Pro Portion 1 TL Butter in die Mulde geben. Nach Geschmack mit schwarzem oder weißem Pfeffer würzen.

Tipp: Dazu passen salzig und sauer eingelegte Gemüsesorten wie Gurken, Khare Ttu (siehe Seite 70) und Knoblauch.

Dieses Blitz-»Harissa«-Rezept haben wir entwickelt, um den modernen Anforderungen und mitteleuropäischen Lebenswelten gerecht zu werden: Durch den Einsatz von Haferflocken statt geschältem Weizen sowie fertigem Geflügelfond und Hühnerbrustfilet wird die Zubereitungszeit erheblich verkürzt und trotzdem kommt der Geschmack dem des authentischen Harissa erstaunlich nahe. Perfekt für alle, die sich zum ersten Mal an den armenischen Brei wagen, aber wenig Zeit haben.

Պահքի հարիսա

Veganes Harissa

Herzhaftes Porridge zur armenischen Fastenzeit

vegan

Für 4 Portionen

Zeitbedarf:
30–40 Minuten zubereiten
15 Minuten kochen lassen

Zutaten:

1 mittelgroße mehligkochende Kartoffel

250 g Bulgur

2 Gemüsezwiebeln

100 g Austernpilze (optional)

100 g Walnusskerne

3 EL Pflanzenöl

½ TL Kreuzkümmel

½ TL schwarzer Pfeffer aus der Mühle

1 TL Salz

50 ml Olivenöl zum Servieren

1. Kartoffel schälen und fein würfeln. Bulgur und Kartoffelwürfel in einem großen Topf mit 1 l Wasser aufkochen, danach die Hitze reduzieren und bei niedriger Hitze 15 Minuten köcheln lassen, bis Bulgur und Kartoffelstücke weich sind und zerfallen. Bei Bedarf mehr Wasser hinzufügen, um eine cremige Breikonsistenz zu erreichen.
2. Währenddessen Zwiebeln schälen und in feine Streifen schneiden. Austernpilze putzen und längs in feine Streifen zupfen, sodass sie ein wenig wie Fleischfasern aussehen. Walnusskerne sehr fein hacken oder in einem Küchenmixer fein zerkleinern.
3. Pflanzenöl in einer großen Pfanne erhitzen. Zwiebeln, Pilze und Nusskerne darin bei niedriger Hitze unter Rühren braten, bis die Zwiebeln weich und glasig sind. Mit 50 ml Wasser ablöschen, erneut gut umrühren und alles zum Bulgur-Brei in den Topf geben. Mit Kümmel, Pfeffer und Salz abschmecken.
4. Zum Servieren das Harissa noch heiß in Schüsseln oder tiefe Teller füllen und dabei mit einem Löffel eine Mulde in die Mitte der Masse drücken. Pro Portion 1 TL Olivenöl in die Mulde geben.

Tipp: Dazu passen salzig und sauer eingelegte Gemüsesorten wie Gurken, Khare Ttu (siehe Seite 70) und Knoblauch.

Veganes »Harissa« ist keine moderne Erfindung, sondern eine traditionelle Variation des Originalgerichts, die für die armenische Fastenzeit zubereitet wurde, in der sich armenische Gläubige strikt pflanzlich ernähren und zudem auf Alkohol verzichten. Die in diesem Rezept aufgeführten Austernpilze sind allerdings unsere Ergänzung und verleihen dem Ganzen eine interessante Konsistenz. Sie sind jedoch kein Muss.

Արիշտայով և բրնձով փլավ
Arishtaov ev Brindsov Plav
Armenischer Pilaw mit Reis und Nudeln

vegetarisch

Für 6 Portionen

Zeitbedarf:
40 Minuten zubereiten
20 Minuten garen

Zutaten:

250 g Basmati-Reis (alternativ Jasminreis)

4 EL Butter

1 TL Pflanzenöl

125 g Arishta (Grundrezept siehe Seite 119; alternativ handelsübliche dünne Nudeln)

1 TL Salz

500 ml ungesalzene Gemüsebrühe (alternativ Wasser)

sauberes Küchenhandtuch zum Dämpfen

1. Reis waschen. Dafür den Reis in eine ausreichend große Schüssel geben, kaltes Wasser hineingeben und mit der Hand mehrmals verrühren. Wasser vorsichtig abgießen und den Vorgang 2- bis 3-mal wiederholen oder bis das Wasser nicht mehr milchig trüb ist. Reis in einem feinmaschigen Sieb abtropfen lassen.
2. In einem großen, beschichteten Topf Butter und Öl erhitzen, aber nicht dunkel werden lassen. Arishta in fingerlange Stücke brechen und dazugeben. Im Fett unter Rühren kurz rösten, bis die Nudeln buttrig und nussig duften. Darauf achten, dass die Nudeln nicht anbrennen. Werden statt Arishta handelsübliche dünne Nudeln verwendet, entsprechend länger braten.
3. Reis zugeben und etwa 3 Minuten mitbraten. Dabei gut rühren, damit jedes Reiskorn gleichmäßig Fett und Hitze abbekommt. Salzen und mit der Brühe auffüllen. Verrühren, auf höchster Stufe aufkochen lassen.
4. Hitze auf die niedrigste Stufe reduzieren. Mit Deckel 20 Minuten garen, bis die Flüssigkeit komplett eingezogen ist. Dabei nicht mehr umrühren.
5. Herd ausschalten. Küchenhandtuch um den Deckel wickeln, zurück auf den Topf setzen und mit der Resthitze weitere 10 Minuten ziehen lassen. Mit einem Holzstäbchen oder dem dünnen Stiel eines Holzlöffels den fertigen Pilaw vorsichtig auflockern und servieren.

Die Kombination aus Reis und Nudeln ist nicht nur in der armenischen Küche bekannt. Im ganzen Kaukasus, im Mittleren Osten, in Anatolien und auf dem Balkan gehört Reis mit dünnen Fadennudeln zum Alltagsessen.

In der armenischen Esskultur lässt sich diese Mischung mehrere Jahrhunderte zurückverfolgen und entstand vermutlich aus der Notwendigkeit heraus, am eher teuren Reis zu sparen und ihn mit günstigen Nudeln zu strecken. Gerichte mit Nudeln nennt man »Arishtaov plav«, und will man betonen, dass das Nudelgericht auch Reis enthält, ergänzt man das Wort »Brinds« (armenisch für Reis).

Հաճարով փլավ
Grundrezept Hacharov Plav
Emmer-Pilaw

vegan

Für 4 Portionen

Zeitbedarf:
40–50 Minuten zubereiten

Zutaten:

250 g Emmer-Getreide (alternativ Dinkelreis, Einkorn, Bulgur oder Buchweizen)

1 Gemüsezwiebel

4 EL Pflanzenöl

1 TL Salz

½ TL schwarzer Pfeffer aus der Mühle

500 ml ungesalzene Gemüsebrühe (alternativ Wasser)

1. Emmer in einem Sieb unter fließendem Wasser abspülen und dabei mit den Fingern durchkämmen, um eventuell festsitzenden Staub auszuwaschen. In eine Schüssel geben, mit kochendem Wasser auffüllen und einige Minuten ziehen lassen.
2. Währenddessen Zwiebel schälen und in Streifen schneiden.
3. Öl in einem großen, beschichteten Topf heiß werden lassen und die Zwiebelstreifen darin bei mittlerer Hitze glasig braten. Mit Salz und Pfeffer würzen.
4. Emmer in einem Sieb abgießen und zu den Zwiebeln geben. Einige Minuten unter Rühren mit anschwitzen, dann mit Gemüsebrühe auffüllen. Aufkochen lassen, sofort die Hitze runterdrehen und bei niedriger Hitze etwa 20 Minuten ziehen lassen, dabei einige Male umrühren. Noch heiß servieren.

Emmer, auf Armenisch »Hachar«, gehört zu den ältesten kultivierten Getreidearten: Bereits vor 10 000 Jahren wurde Emmer angebaut, dessen Ertrag sogar höher war als der von Einkorn, dem bis dato vorherrschenden Getreide.

Emmer ist sehr nahrhaft und enthält hochwertige Aminosäuren sowie einen überdurchschnittlichen Anteil an Mineralstoffen wie Magnesium, Eisen, Kupfer, Mangan, Zink und Selen. Sein Geschmack ist kräftig, würzig-aromatisch und leicht nussig.

In der armenischen Küche wird Emmer fast immer in Form von »Pilaw« zubereitet, und die gebratenen Zwiebeln in diesem Grundrezept passen perfekt zum Eigengeschmack des Getreides. Neben dieser »puren« Version gibt es »Hacharov Plav« in Kombination mit diversen anderen Zutaten: Gebratene Pilze gehören zu den beliebtesten Toppings, aber auch Fleisch wird mit Hachar zu einem Pilaw vereint. Manchmal wird die Gemüsebrühe durch Fleischbrühe ersetzt oder es kommt Butter als Geschmacksträger zum Einsatz.

Falls Sie kein Emmer-Getreide bekommen, können Sie auf Dinkel, Einkorn, Buchweizen oder Bulgur zurückgreifen.

Մշոշ
Mshosh
Linsen mit getrockneten Aprikosen

vegan

Für 3 Portionen

Zeitbedarf:
45–50 Minuten zubereiten
15–20 Minuten kochen

Zutaten:

300 g Tellerlinsen (oder Berglinsen)

1 große weiße Zwiebel

3–4 EL Pflanzenöl (z. B. Olivenöl)

100 g getr. Aprikosen

1 TL Salz

1 Prise schwarzer Pfeffer aus der Mühle

90 g Walnusskerne

1. Tellerlinsen für 15–20 Minuten auf mittlerer Hitze in Salzwasser vorkochen, bis sie fast gar, jedoch noch bissfest sind.
2. Derweil Zwiebel schälen, halbieren und in dicke Halbringe schneiden. Pflanzenöl in einem beschichteten Topf oder einer tiefen Pfanne erhitzen, Zwiebeln hinzugeben und bei mittlerer Hitze etwa 10 Minuten goldgelb anbraten.
3. Aprikosen in feine Streifen schneiden.
4. Linsen vom Herd nehmen und gegebenenfalls verbliebene Flüssigkeit abgießen. Linsen und etwa 90 g der getrockneten Aprikosen zu den Zwiebeln in die Pfanne geben. Das Ganze für 15–20 Minuten unter gelegentlichem Rühren garen, bis die Linsen weich sind und die Aprikosen ihr Aroma abgegeben haben. Mit Salz und Pfeffer abschmecken.
5. Walnusskerne hacken und etwa die Hälfte zu den Linsen geben. Alles für weitere 3 Minuten garen lassen. Das fertige Mshosh mit den verbliebenen Aprikosenstreifen und Walnusskernen anrichten.

»Mshosh« gehört zu den ältesten überlieferten Gerichten der westarmenischen Küche und wurde dort gerne zur Fastenzeit verspeist. Es ist – basierend auf einem alten, regionalen Dialekt – nach den darin verwendeten getrockneten Aprikosen benannt. Der hocharmenische Begriff für Aprikosen hingegen ist »Tsiran«.

Aprikosen haben grundsätzlich einen hohen Stellenwert in der armenischen Kultur. Bei archäologischen Ausgrabungen in der Nähe der armenischen Stadt Garni wurden 6000 Jahre alte Aprikosenkerne gefunden. Demnach wachsen die Früchte schon seit Tausenden von Jahren in der Region und gelten heute als eines der Nationalsymbole Armeniens. Nicht nur, weil Aprikosen aus Armenien zu den süßesten und saftigsten der Welt zählen. Aprikosenbäume, die seit Jahrtausenden in den kargen Landschaften des Kaukasus den Widrigkeiten trotzen, gelten als Symbol für die Widerstandsfähigkeit des armenischen Volks. So schmückte die Farbe der Aprikosen schon im Mittelalter die Kleidung armenischer Könige und Fürsten und ist heute eine der drei Farben der armenischen Flagge.

Aprikosen sind auch für die armenische Musik von Bedeutung. Nicht nur, weil die goldgelben Früchte in zahlreichen Liedern besungen werden. Das Holz der Aprikosenbäume wird zur Herstellung der »Duduk« verwendet, eines Holzblasinstruments, das als Nationalinstrument Armeniens gilt.

Ararat

Կեր ու սուս

Ker U Sus

Scharfe Gemüsepfanne mit Rindfleisch

mit Rindfleisch

Für 4 Portionen

Zeitbedarf:
40–50 Minuten zubereiten
10 Minuten ruhen lassen
20–25 Minuten backen

Zutaten:

500 g Rindfleisch, ideal ist Rinderfilet, Hüftsteak, Rumpsteak, Entrecôte oder ein Stück aus der Oberschale

1 EL Backpulver

2 EL Speisestärke

4–6 mittelgroße festkochende Kartoffeln

1 Gemüsezwiebel

1 rote Paprikaschote

1–3 Chilischoten (alternativ scharfe Peperoni) nach Geschmack

2 EL Pflanzenöl

2 TL Salz

1 EL Butterschmalz oder Ghee

100 g TK-Erbsen

2 Roma-Tomaten

½ Bund Petersilie

½ Bund Koriander

1. Backofen auf 200 °C Umluft vorheizen. Ein Backblech mit Backpapier auslegen.
2. Rindfleisch waschen, trocken tupfen, von Sehnen und zu großen Fettstücken befreien und in feine Streifen schneiden, ähnlich wie für Geschnetzeltes.
3. In einer großen Schüssel Backpulver und Speisestärke mischen, die Fleischstreifen dazugeben und gründlich vermengen, damit jedes Fleischstück überzogen ist. Schüssel abdecken und für mindestens 10 Minuten ruhen lassen.
4. Währenddessen Kartoffeln schälen, in Stifte schneiden und in eine Schüssel mit kaltem Wasser legen.
5. Zwiebel schälen und in feine Streifen schneiden. Paprika waschen, von Strunk und Kerngehäuse befreien und in feine Streifen schneiden. Chili waschen, vom Strunk befreien, längs aufschneiden und in feine Halbringe schneiden.
6. Kartoffelstifte in einem Sieb abgießen und mit Küchenpapier trocken tupfen. Die Kartoffeln in einer Lage auf dem Backblech verteilen. Öl und 1 TL Salz dazugeben und mit den Händen gut vermengen. Im Ofen auf der mittleren Schiene 20–25 Minuten goldbraun backen.
7. In der Zwischenzeit Butterschmalz in einer großen Pfanne erhitzen und das Rindfleisch darin für 3–5 Minuten scharf auf höchster Stufe anbraten, bis sich Röstaromen bilden – nicht zu oft rühren. Fleisch herausnehmen und beiseitestellen.
8. Hitze reduzieren, Zwiebeln in die Pfanne geben und auf niedriger bis mittlerer Stufe glasig braten. Paprika und Chili dazugeben und weitere 10 Minuten braten, zwischendurch rühren. Erbsen unterrühren und bei mittlerer Hitze mit Deckel weitere 5 Minuten braten.
9. Derweil Tomaten waschen, vom Strunk befreien, würfeln und in eine große Servierschale mit hohem Rand geben.

→

10. Fleisch inklusive ausgetretener Flüssigkeit wieder in die Pfanne geben, umrühren, Herd abstellen und Gemüse und Fleisch mit Deckel gar ziehen lassen.
11. Währenddessen die Kräuter waschen, trocken schütteln und fein hacken.
12. Kartoffelstifte auf die Tomaten schichten. Inhalt der Pfanne darüber geben. Mit Kräutern bestreuen. Sofort servieren.

Tipps: Dazu schmeckt das erfrischende Joghurtgetränk Tan (siehe Seite 234), am besten eiskalt.

Für die vegane Variante statt Fleisch Ersatzprodukte oder Pilze und anstelle von Butterschmalz pflanzliches Fett nehmen.

»Ker U Sus« bedeutet wörtlich »Iss und sei ruhig«. Warum diese scharfe Gemüsepfanne mit Rindfleisch so heißt und woher das Rezept stammt, ist nicht eindeutig belegt. Es wird jedoch vermutet, dass sowohl der grandiose Geschmack als auch die Schärfe den Menschen sprachlos machen. Heutzutage ist »Ker U Sus« ein klassisches und unprätentiöses Wohlfühlessen, das zumeist außer Haus gegessen wird. In der authentischen Version werden nicht TK-Erbsen, sondern Dosenerbsen verwendet. Zudem werden im Original die Kartoffelstifte nicht im Ofen gebacken, sondern in einer separaten Pfanne in reichlich Öl gebraten. Wir haben dies in unserem Rezept ein wenig modernisiert.

Տժվժիկ
Tjvjik
Lebergeschnetzeltes mit Zwiebeln

mit Fleisch

Für 4 Portionen

Zeitbedarf:
30–40 Minuten zubereiten
15 Minuten kochen lassen

Zutaten:

1 kg Rinderleber (enthäutet, gereinigt)

2–3 Gemüsezwiebeln

1 grüne Paprikaschote

4 Tomaten

3–4 EL Pflanzenöl

1 TL Salz

schwarzer Pfeffer aus der Mühle (nach Belieben)

Chilipulver (optional)

1–2 EL Tomatenmark

½ Bund Koriander

½ Bund Petersilie

1. Falls nicht bereits geschehen, muss die Rinderleber zunächst enthäutet und die Gefäße entfernt werden. Danach das Fleisch in mittelgroße Würfel schneiden und dabei vorhandene Gefäße entfernen.
2. Zwiebeln halbieren und in Scheiben schneiden. Paprika entkernen und in Würfel schneiden. Tomaten für 1–2 Minuten in eine Schüssel mit heißem Wasser geben und im Anschluss schälen und fein hacken.
3. Pflanzenöl in einer Pfanne erhitzen und die Leberstücke darin anbraten. Nach etwa 3 Minuten die Zwiebeln dazugeben und kurz abgedeckt bei mittlerer Hitze gemeinsam braten lassen. Regelmäßig rühren und alles nach Belieben salzen und pfeffern. Wer scharfe Gerichte bevorzugt, kann Chili hinzugeben.
4. Sobald das Fleisch gar ist, die Paprika- und Tomatenstücke sowie das Tomatenmark hinzugeben und erneut abgedeckt für etwa 15 Minuten köcheln lassen. Herd ausschalten und das Tjvjik darauf ruhen lassen.
5. Koriander und Petersilie grob hacken und über das fertige Gericht geben. Vor dem Servieren die Pfanne erneut für etwa 5 Minuten abdecken.

→

Der Name dieses Gerichts ist eine Lautmalerei: »Tjvjik« (Aussprache: Tsch-vsch-ik) imitiert das Geräusch der brutzelnden Leber im heißen Öl.

Armenier*innen verbinden mit dem Gericht allerdings auch die beliebte gleichnamige Novelle des armenischen Autors Sargis Mubayeajian.

Die Geschichte spielt im Osmanischen Reich. Bei einem Metzger beschließt der reiche Nikoghos, dem armen Nerses ein üppiges Stück Rinderleber auszugeben, damit dessen Frau Tjvjik zubereiten kann.

Nerses nimmt das Geschenk nur widerwillig an und bereut seine Entscheidung bald. Denn in den folgenden Wochen erinnert Nikoghos ihn ständig an seine großzügige Geste.

Die Geschichte wurde 1962 verfilmt und gilt heute als Klassiker der armenischen Filmgeschichte. Das liegt auch daran, dass »Tjvjik« der erste Film in westarmenischer Sprache war und einen Ausschnitt aus dem Alltag von Armenier*innen im Osmanischen Reich zeigt.

Aus dieser Geschichte hat sich auch eine gängige armenische Redewendung ergeben: »Tjvjiki patmutyun sarkel«, übersetzt: »aus etwas eine ›Tjvjik‹-Geschichte machen«. Gemeint sind damit Menschen, die mit ihren Wohltaten prahlen und sie vor allem ihren Empfänger*innen unter die Nase reiben.

Մսով լցոնած սմբուկ
Msov Ltsonats Smbuk
Mit Hack gefüllte Aubergine

mit Rind- oder Lammfleisch

Für 4 Portionen

Zeitbedarf:
30–40 Minuten zubereiten
15–20 Minuten backen

Zutaten:

4 große Auberginen

2 TL Salz

4 EL Pflanzenöl

1 Gemüsezwiebel

1 grüne oder gelbe Spitzpaprika (alternativ grüne oder gelbe Paprikaschoten)

4 Cherrytomaten

½ Bund Petersilie

400 g Rinderhackfleisch (alternativ gemischtes Hackfleisch aus Rind und Lamm)

½ TL schwarzer Pfeffer aus der Mühle

½ TL Cayennepfeffer (optional)

1 Prise gem. Koriandersaat

1 Prise gem. Kreuzkümmel

1. Auberginen waschen, trocken tupfen und Stiele abschneiden. Auberginen der Länge nach grob versetzt schälen, sodass sie gestreift aussehen. Rundherum mit 1 TL Salz einreiben, 5 Minuten ruhen lassen. Danach die ausgetretene Flüssigkeit mit einem Küchentuch abtupfen. Die Auberginen mit einem scharfen Messer längs bis etwa zur Hälfte einschneiden, sodass ein Täschchen entsteht. Darauf achten, nicht zu weit einzuschneiden, damit sie nicht auseinanderfallen.
2. 2 EL Öl in einer Pfanne heiß werden lassen. Auberginen darin bei hoher Hitze 5 Minuten braten, dabei gelegentlich vorsichtig wenden.
3. In der Zwischenzeit Zwiebel schälen und fein hacken. Paprika waschen, trocken tupfen, putzen und fein hacken. Tomaten waschen, trocken tupfen und vierteln. Petersilie waschen, trocken schütteln und grob hacken.
4. Auberginen aus der Pfanne nehmen und mit der Öffnung nach oben in eine Auflaufform legen. Im Ofen bei 180 °C Umluft 10 Minuten backen (Vorheizen nicht notwendig).
5. Währenddessen restliches Öl in der Pfanne erhitzen und das Hackfleisch darin bei starker Hitze anbraten, bis es nicht mehr rot ist. Auf mittlere Hitze reduzieren und gehackte Zwiebel und Paprika dazugeben. Unter Rühren weiterbraten, bis die Zwiebelwürfel glasig sind. 2 EL Wasser dazugeben. Mit den Gewürzen abschmecken.
6. Auflaufform kurz aus dem Ofen holen, mit einem Esslöffel die Hackmischung vorsichtig in die Auberginen füllen, dabei andrücken, damit möglichst viel Füllung hineinpasst. Tomatenviertel auf der Füllung verteilen und die Auflaufform für weitere 5–10 Minuten im Ofen lassen, bis die Tomaten weich sind. Sofort servieren.

Vielen ist »Msov Ltsonats Smbuk« auch unter dem türkischen Namen »Karnıyarık/Garni Yarakh« bekannt, was wörtlich übersetzt »aufgeschlitzter Bauch« bedeutet. Armenische Genozid-Überlebende brachten das Rezept in ihre neuen Zufluchtsorte, so auch in die Republik Armenien.

Լցոնած սմբուկով այլազան

Ltsonats Smbukov Ailazan

Gefüllte Aubergine

vegan

Für 2–4 Portionen

Zeitbedarf:
60 Minuten zubereiten
10 Minuten backen

Zutaten:

2 große oder 4 kleine Auberginen

2 TL Salz

3 Knoblauchzehen

5 EL Pflanzenöl

2 grüne und/oder gelbe Spitzpaprika (alternativ grüne oder gelbe Paprikaschoten)

1 scharfe grüne Peperoni (optional)

1 Gemüsezwiebel

200 g passierte Tomaten

2 mittelgroße Roma-Tomaten (alternativ Fleischtomaten)

½ Bund Petersilie

½ Bund Koriander

½ TL schwarzer Pfeffer aus der Mühle

½ TL Cayennepfeffer (optional)

1 Prise gem. Koriandersaat

1. Auberginen waschen, trocken tupfen und Stiele abschneiden. Auberginen der Länge nach grob versetzt schälen, sodass sie gestreift aussehen. Rundherum mit 1 TL Salz einreiben und etwas ruhen lassen.
2. Knoblauch schälen und längs in Scheiben schneiden.
3. Die ausgetretene Flüssigkeit mit einem Küchentuch abtupfen. Mit einem scharfen Messer rundherum kleine Spalten in die Auberginen stechen und je eine Knoblauchscheibe hineinstecken. Die gespickten Auberginen rundherum mit 1 EL Öl bestreichen und in einer heißen Pfanne bei mittlerer bis hoher Hitze 10 Minuten braten, dabei gelegentlich vorsichtig wenden.
4. Backofen auf 220 °C Umluft vorheizen.
5. Paprika und Peperoni waschen und trocken tupfen, mit 1 EL Öl bestreichen, in einer Lage in eine Auflaufform legen und im Ofen auf mittlerer Schiene etwa 10 Minuten rösten, gelegentlich wenden. Danach abgedeckt handwarm abkühlen lassen. Ofen auf 180 °C herunterdrehen. Auflaufform für später bereithalten.
6. Zwiebel schälen und in dünne Streifen schneiden.
7. Mit den Fingern die Haut von Paprika und Peperoni abziehen, von Stielansätzen befreien, halbieren und in feine Streifen schneiden.
8. Auberginen aus der Pfanne nehmen und beiseitestellen. Restliches Pflanzenöl in der Pfanne heiß werden lassen und Zwiebelstreifen darin bei mittlerer Hitze glasig werden lassen. Mit passierten Tomaten und 50 ml Wasser ablöschen und weiter köcheln lassen, bis die Flüssigkeit ein wenig eingekocht ist.

→

9. Tomaten waschen, vom Stielansatz befreien, halbieren und in Scheiben schneiden. Kräuter waschen, trocken schütteln und grob hacken.

10. Tomatensauce mit Salz, Pfeffer, Cayennepfeffer und Koriandersaat abschmecken. In die Auflaufform füllen und Auberginen vorsichtig in die Sauce legen. Jede Aubergine mit einem Löffel vorsichtig längs aufschlitzen, dabei nicht ganz durchschneiden. Es soll lediglich ein Täschchen zum Befüllen entstehen. Paprika und Peperoni in die Auberginen füllen. Tomatenscheiben hineinstecken. Im Ofen weitere 15–20 Minuten backen, bis die Tomaten weich sind. Herausnehmen, mit Kräutern bestreuen. Schmeckt warm genauso wie kalt.

»Ltsonats Smbukov Ailazan« ist die armenische Version des Gerichts »Imam Bayildi«, das im gesamten Osmanischen Reich verbreitet war und bis heute in vielen anderen Ländern zubereitet wird, so etwa in der Türkei, Albanien, Bulgarien und Griechenland. Imam Bayildi steht wörtlich für »Der Imam fiel in Ohnmacht«, denn der Legende nach soll ein Imam vor Entzücken in Ohnmacht gefallen sein, als er das Gericht zum ersten Mal probierte.

»Ailazan« ist eigentlich ein Oberbegriff für armenische Gemüseragouts oder -eintöpfe, vornehmlich mit Aubergine, Paprika, Tomaten, Zucchini, Zwiebeln und Knoblauch, ähnlich der französischen Ratatouille. Diese gefüllte Variante mit gebratenen und gebackenen Zutaten ist etwas zeitintensiver, aber auch raffinierter.

Übrigens: Ein ähnliches Gericht ist »Msov Ltsonats Smbuk«, bei dem die Auberginen mit Hackfleisch gefüllt sind (siehe Seite 140).

Լցոնած կոլոլակ

Ltsonats Kololak

Gefüllte Fleischklöße

mit Rindfleisch

Für 8–10 Portionen

Zeitbedarf:
60 Minuten zubereiten
15 Minuten quellen lassen
5–7 Minuten kochen

Zutaten:

Für die Kloßhüllen:
170 g Bulgur, feiner Mahlgrad
700 g Rinderhackfleisch
5 Eiswürfel
2 EL Tomatenmark
1 TL Salz
½ TL gem. Kreuzkümmel
¼ TL gem. Kurkuma

Für die Füllung:
1 Gemüsezwiebel
3 EL Pflanzenöl
2 Knoblauchzehen
1 kg Rinderhackfleisch (alternativ gemischtes Hackfleisch aus Rind und Schwein)
1 TL schwarzer Pfeffer aus der Mühle
1 TL edelsüßes Paprikapulver
½ TL Cayennepfeffer
½ TL gem. Kreuzkümmel
1 Prise gem. Koriandersaat
getr. Kräuter nach Geschmack
1 TL Salz

1. Zunächst die Kloßhülle vorbereiten. Dafür den Bulgur in eine Schüssel geben, mit 250 ml kochendem Wasser begießen und etwa 15 Minuten quellen lassen.
2. Währenddessen das Rinderhackfleisch in einem Küchenmixer einige Minuten zerkleinern, dabei immer mal einen Eiswürfel hineingeben, damit das Fleisch nicht zu warm wird. Es müssen nicht alle Eiswürfel aufgebraucht werden. Sobald die Konsistenz fein und seidig ist und an Bratwurstbrät erinnert, ist es fertig.
3. In einer großen Schüssel Hackfleisch, Bulgur, Tomatenmark, Salz, Kreuzkümmel und Kurkuma vermengen und mit den Händen gut durchkneten. Beiseitestellen.
4. Für die Füllung Zwiebel schälen und fein würfeln. Öl in einer großen Pfanne erhitzen und die Zwiebelwürfel darin bei mittlerer Hitze glasig anschwitzen. Währenddessen Knoblauchzehen schälen und pressen.
5. Knoblauch mit dem nicht-pürierten Hackfleisch in die Pfanne geben und unter Rühren braten, bis das Fleisch nicht mehr rot ist. Kräuter und Gewürze untermischen und 3–5 Minuten weiterbraten. In eine Schüssel geben und abkühlen lassen.
6. Zum Befüllen beide Schüsseln nebeneinanderstellen. Einen großen Teller oder eine Servierplatte sowie eine Schale mit Wasser bereithalten.
7. Etwas Kloßhüllenmasse in die Hand nehmen (etwa 1,5 EL oder einen Eisportionierer voll) und mit feuchten Händen zu einer Kugel formen. Mit dem Daumen eine Mulde in die Kugel drücken. Anschließend die Masse drumherum gleichmäßig flach drücken, um ein gewölbtes Täschchen zu formen. 1 TL Füllung hineingeben, die Hülle gut verschließen, mit feuchten Händen glätten und den Kloß in eine Eiform bringen, wobei die beiden Enden spitz zulaufen. Auf den Servierteller legen und mit der restlichen Masse ebenso verfahren.

→

Zum Anrichten:
½ Bund Petersilie

1 Zitrone

1 TL getr. Chiliflocken (optional)

8. Zum Garen reichlich gesalzenes Wasser in einem großen Topf zum Kochen bringen. Mit einem Schaumlöffel die Klöße einzeln in den Topf legen und 5–7 Minuten kochen.
9. Währenddessen Petersilie waschen, trocken schütteln und fein hacken. Zitrone in Spalten schneiden.
10. Sobald die Klöße fertig sind, aus dem Wasser nehmen und auf einer großen Platte mit Zitronenspalten garnieren und mit Petersilie und Chiliflocken bestreuen. Jeden Kloß vor dem Essen mit einem Spritzer Zitronensaft beträufeln.

Diese gefüllten Fleischklöße namens »Ltsonats Kololak« sind in unterschiedlichen Varianten im gesamten Nahen und Mittleren Osten verbreitet. Im arabischen Raum heißen sie »Kibbeh«, auf Türkisch werden sie »Içli Köfte« (»gefüllte Hackklöße«) genannt, die Abwandlung »Ishli Kyufta« wird auch im Armenischen häufig benutzt. In vielen arabischen Küchen werden diese Klöße frittiert oder über offenem Feuer gebacken. Aber auch gekocht, wie in diesem Rezept, sind sie in vielen Länderküchen beliebt. In der armenischen Küche gibt es auch Abwandlungen dieses Gerichts, etwa als Einlage in einer Joghurtsuppe, die »Kololakov Tanapur« genannt wird (siehe Seite 186).

Ոսպով կոլոլակ
Vospov Kololak
Gefüllte Linsenklöße

vegan

Für 4–6 Portionen

Zeitbedarf:
1–1,5 Stunden zubereiten
20 Minuten quellen lassen

Zutaten:

Für die Kloßhüllen:

200 g getrocknete rote Linsen

250 g Bulgur, feiner Mahlgrad

1 EL Tomatenmark

½ TL Salz

½ TL edelsüßes Paprikapulver

½ TL schwarzer Pfeffer aus der Mühle

Für die Füllung:

3 Gemüsezwiebeln

150 g Walnusskerne

2 Knoblauchzehen

4 EL Pflanzenöl

½ Bund Petersilie

½ Bund Koriander

1 TL edelsüßes Paprikapulver

½ TL gem. Kreuzkümmel

1 Prise gem. Koriandersaat

1 TL Salz

1. Zunächst die Masse für die Kloßhüllen vorbereiten. Dafür 850 ml Wasser in einem großen beschichteten Topf aufkochen, Linsen hineingeben und bei niedriger Hitze 7–10 Minuten weich kochen, gelegentlich rühren. Die Linsen sollten den Großteil der Flüssigkeit aufgesogen haben. Herd ausschalten, Bulgur zu den Linsen geben, gut vermischen und etwa 20 Minuten quellen lassen.
2. Währenddessen die Füllung vorbereiten. Dafür Zwiebeln schälen und fein hacken. Walnusskerne fein hacken oder in einem Küchenmixer fein zerkleinern. Knoblauch schälen und pressen. Öl in einer Pfanne erhitzen, darin die Zwiebeln bei mittlerer Hitze einige Minuten unter Rühren anbraten, bis sie glasig und leicht goldbraun sind. Walnusskerne und Knoblauch dazugeben, alles miteinander vermengen und Pfanne sofort vom Herd nehmen, abkühlen lassen.
3. Petersilie und Koriander waschen, trocken schütteln, fein hacken und etwa 1 EL davon zum späteren Garnieren beiseitestellen. Restliche Kräuter mit Paprikapulver, Kreuzkümmel, Koriandersaat und Salz zur Zwiebel-Walnuss-Füllung in die Pfanne geben und vermengen.
4. Linsen und Bulgur in eine große Schüssel geben. Tomatenmark, Salz, Paprikapulver und Pfeffer dazugeben, gut vermengen. Sobald die Masse handwarm ist, mit den Händen gut verkneten.
5. Zum Befüllen Schüssel und Pfanne nebeneinanderstellen. Einen großen Teller oder eine Servierplatte sowie eine Schale mit Wasser bereithalten.
6. Etwas Kloßhüllenmasse in die Hand nehmen (etwa 1,5 EL oder einen Eisportionierer voll) und mit feuchten Händen zu einer Kugel formen. Mit dem Daumen eine Mulde in die Kugel drucken. Anschließend die Masse drumherum gleichmäßig flach drücken, um ein gewölbtes Täschchen zu formen.

→

Zum Anrichten:
1 Zitrone

1 TL getrocknete Chiliflocken (optional)

7. 1 TL Füllung hineingeben, die Hülle gut verschließen, mit feuchten Händen glätten und den Kloß in eine Eiform bringen, wobei die beiden Enden spitz zulaufen. Auf den Servierteller legen und mit der restlichen Masse ebenso verfahren.
8. Die Klöße entweder sofort servieren oder nach Geschmack weiterverarbeiten: entweder in Salzwasser kochen (so wie die gefüllten Fleischklöße auf Seite 145) oder in Pflanzenöl von allen Seiten knusprig anbraten.
9. Zitrone in Spalten schneiden und zwischen die fertigen Klöße auf dem Servierteller platzieren. Alles mit den bereitgestellten Kräutern und Chiliflocken bestreuen. Jeden Kloß vor dem Essen mit einem Spritzer Zitronensaft beträufeln.

»Vospov Kololak« ist die vegane Variante der gefüllten Fleischklöße »Ltsonats Kololak« und wurde traditionell in der armenischen Fastenzeit zubereitet, da armenische Gläubige in dieser Zeit keine tierischen Produkte zu sich nehmen. Solche nahrhaften Linsenklöße gab es zwar im gesamten Osmanischen Reich, doch dieses spezielle Rezept stammt aus Zeytun, einer Ortschaft in der heutigen Türkei, die mittlerweile Süleymanlı heißt, benannt nach dem türkischen Major Süleyman, der das Dorf während des Völkermordes 1915 besetzte.

Խարբերդի կոլոլակ

Kharberti Kololak

Armenische Fleischklößchen in Tomatensauce

mit Fleisch

Für 8 Portionen

Zeitbedarf:
40–50 Minuten zubereiten
10–15 Minuten quellen lassen
15 Minuten ziehen lassen

Zutaten:

Für die Klößchen:

300 g Bulgur, feiner Mahlgrad

1 Gemüsezwiebel

2 Knoblauchzehen

¼ Bund Petersilie

¼ Bund Koriander

1 kg gemischtes Hackfleisch aus Rind- und Schweinefleisch im Verhältnis 4:1 (alternativ Rind- und Lammhackfleisch)

2 Eier

1 TL Salz

¼ TL schwarzer Pfeffer aus der Mühle

½ TL edelsüßes Paprikapulver

½ TL gem. Koriandersaat

1 Prise Kreuzkümmel

1. Für die Klößchen Bulgur in einem Sieb unter kaltem Wasser waschen, kurz abtropfen lassen. In eine Schüssel geben und mit etwa 600 ml kochendem Wasser auffüllen (das Wasser sollte den Bulgur komplett bedecken – bei Bedarf mehr Wasser nehmen). 10–15 Minuten quellen lassen.
2. Währenddessen Zwiebel und Knoblauch schälen. Petersilie und Koriander waschen und trocken schütteln. Zwiebel, Knoblauch und Kräuter in einem Küchenmixer fein pürieren und zusammen mit dem Hackfleisch in eine große Schüssel geben.
3. Weichen Bulgur bei Bedarf in einem Sieb abtropfen lassen, falls er nicht die gesamte Flüssigkeit aufgesogen hat. Eier verquirlen und zusammen mit dem Bulgur, dem Salz und den Gewürzen zur Hackmasse geben. Diese mit den Händen gut vermengen, dabei leicht durchkneten. Etwa 5 Minuten ziehen lassen.
4. Derweil die Sauce zubereiten: Öl in einer großen Pfanne oder einem beschichteten Topf erhitzen, Tomatenmark und Paprikamark darin für 3–5 Minuten bei mittlerer Hitze unter gelegentlichem Rühren anschwitzen, aber nicht dunkel werden lassen.
5. Knoblauch schälen, fein hacken, zur Sauce in die Pfanne geben und weitere 2 Minuten anschwitzen. Mit Cayennepfeffer und Salz würzen. Getrocknetes Basilikum für eine feinere Konsistenz zwischen den Handflächen verreiben und dazugeben.
6. Passierte Tomaten mit 600 ml Wasser verrühren und zusammen mit dem Lorbeerblatt in die Pfanne geben. Umrühren, Hitze reduzieren und einige Minuten ohne Deckel köcheln lassen.

→

Für die Sauce:
4 EL Pflanzenöl

4 EL Tomatenmark

4 EL Paprikamark

2 Knoblauchzehen

½ TL Cayennepfeffer (optional)

½ TL getr. Basilikum

1 TL Salz

2 EL passierte Tomaten

1 getr. Lorbeerblatt (alternativ 2 frische Lorbeerblätter)

2–4 große Basilikumblätter

7. Derweil die Fleischklößchen formen. Dafür eine kleine Schüssel Wasser bereitstellen. Hackmasse noch mal durchkneten. Mit feuchten Händen 1 EL der Masse zu einer Kugel formen und diese leicht flach drücken. Auf einen Teller legen und mit der restlichen Hackmasse ebenso verfahren.
8. Klößchen vorsichtig in die simmernde Sauce legen und auf niedrigster Stufe mit Deckel 10 Minuten gar ziehen lassen, dabei nach der Hälfte der Zeit einmal wenden, damit sie gleichmäßig garen.
9. Basilikumblätter waschen, trocken tupfen und in feine Streifen schneiden.
10. Lorbeerblatt aus der Sauce entfernen, Klößchen auf einem Servierteller mit hohem Rand anrichten, mit der Sauce übergießen und mit Basilikumstreifen bestreuen. Sofort servieren.

Tipp: Dazu passen Pilaw-Gerichte (siehe Seite 114, 128 und 130), Nudeln wie Arishta (siehe Seite 119) oder Tatar Boraki (siehe Seite 106), Lavash (siehe Seite 130), Matnakash (siehe Seite 33) oder Kartoffeln nach Geschmack.

»Kharberti Kololak« heißt wörtlich übersetzt »Fleischklöße aus Kharbert« (der armenische Name für Harput, eine antike Stadt in der heutigen Türkei). Die saftigen Hackfleischklöße in würziger Tomaten-Paprika-Sauce waren eine Spezialität der armenischen Bewohner dieses Ortes.

Տոլմա

Tolma

Gefüllte Wein- und Kohlblätter, sowie Gemüseschoten

Über den Ursprung von »Tpov Tolma« wird viel gestritten. Schließlich sind die gefüllten Weinblätter vom östlichen Mittelmeerraum über den Balkan bis nach Zentralasien ein beliebtes Gericht. So viel ist allerdings klar: Wer auch immer auf die Idee gekommen ist, die Blätter der Weinreben um eine würzige Füllung zu wickeln, war ein Genie!

Das Gericht ist ein essenzieller Bestandteil der armenischen Küche und in unterschiedlichen Varianten sehr beliebt: Da gibt es einmal »Tpov Tolma« (mit einer Hackfleisch-Reis-Mischung gefüllte Weinblätter), »Msho Tolma« (mit Rindfleisch und Trockenobst gefüllte Weinblätter) und »Sut Tolma« (vegan gefüllte Weinblätter). Ebenfalls beliebt ist die Sommervariante »Amarayin Tolma«: Hier wird die Hackfleisch-Reis-Mischung in große Tomaten, Auberginen und Paprika gefüllt. Zur Fastenzeit und an Silvester werden dagegen gern »Pasuts Tolma« serviert, Weißkohlblätter, die um eine vegane Füllung aus Hülsenfrüchten gewickelt werden.

Bei der Zubereitung der Tolma-Varianten mit Weinblättern muss auf drei Dinge geachtet werden: das richtige Verhältnis zwischen Größe des Weinblattes und Menge der Füllung, die Wickeltechnik und die richtige Dosis an Salz und Gewürzen. Daher braucht es für die perfekten Tolma ein wenig Übung – und manchmal auch ein bisschen Glück!

Die Zeitangaben bei den folgenden Rezepten sind daher relativ. Wer viel Übung hat, wird für das Wickeln von Tolma vermutlich weniger als 1 Stunde benötigen. Anfänger*innen sollten sich hingegen mehr Zeit nehmen.

Ein Hinweis noch zu den Mengenangaben: Es kann vorkommen, dass Sie die Tolma wickeln und die Füllung zwar aufbrauchen, aber noch einige Blätter übrig bleiben. Ebenso können Ihnen die Blätter ausgehen und sie haben noch Füllung. Exakte Mengenangaben sind bei einem Gericht wie diesem kaum möglich, denn dabei spielen viele Faktoren eine Rolle. Wie viele Weinblätter sind in der Packung? Wie groß sind die einzelnen Weinblätter? Wie viele davon sind beschädigt? Wie dick werden die einzelnen Weinblätter befüllt? Sind nach dem Kochen noch Weinblätter übrig, können Sie diese einige Tage gekühlt aufbewahren.

Ամառային տոլմա

Amarain Tolma

Sommergemüse mit Hackfleischfüllung

mit Fleisch

Für 6–8 Portionen

Zeitbedarf:
60 Minuten zubereiten
60 Minuten kochen

Zutaten:

Für die Tolma-Füllung:

4 Zwiebeln

½ Bund Koriander

½ Bund Petersilie

2 frische Tomaten

1 rote Paprikaschote (optional)

1000 g gemischtes Hackfleisch (Rind und Schwein)

250 g Basmatireis

edelsüßes Paprikapulver (nach Belieben)

getr. Basilikum (nach Belieben)

getr. Bohnenkraut (optional, nach Belieben)

getr. Thymian (optional, nach Belieben)

1 TL Salz

½ TL schwarzer Pfeffer aus der Mühle

1. Für die Füllung Zwiebeln fein würfeln. Kräuter, Tomaten (und optional Paprika) fein hacken. Gemeinsam mit Hackfleisch und Reis in eine Schüssel geben. Nach Belieben Paprikapulver, Basilikum, Bohnenkraut und Thymian hinzufügen. Gut vermischen und mit Salz und Pfeffer würzen. Damit sich die Gewürze besser verteilen, kann man der Hackfleischmischung ein wenig lauwarmes Wasser hinzufügen.

2. Für die Gemüsehüllen die oberen Enden der Auberginen abschneiden und diese mit einem Messer aushöhlen, sodass die ausgehöhlte Aubergine eine etwa 1 cm dicke Wand hat. Den Strunk und die Kerne der Paprika entfernen. Bei den Tomaten eine dicke Scheibe am oberen Rand abschneiden. Den Strunk jeweils aus der Scheibe herausschneiden und die Scheiben aufbewahren. Die Tomaten aushöhlen. Das Innere der Tomaten in eine Schüssel geben und aufbewahren.

3. Die Weißkohlblätter müssen vor dem Befüllen blanchiert werden. Dazu Wasser in einem großen Topf zum Kochen bringen. Eine große Schüssel mit kaltem Wasser (gegebenenfalls mit Eiswürfeln) bereitstellen. Den Strunk entfernen, ohne den Weißkohl aufzuschneiden. Kohlkopf für etwa 2 Minuten ins kochende Wasser geben, bis sich die einzelnen Blätter langsam lösen. Wenn die Kohlblätter weich und leicht transparent werden, Wasser abgießen und die Kohlblätter im Eiswasser abkühlen lassen.

4. Das Gemüse kann nun mit der Hackfleischmischung befüllt werden. Die Besonderheit bei den Tomaten: Sie bleiben nicht offen, sondern werden mithilfe der zuvor herausgeschnittenen Scheibe wieder zugedeckt.

→

Für die Gemüsehüllen:
2 Auberginen (eher kurz und dick)

4 Spitzpaprika (grün)

3 Tomaten (groß)

1 Weißkohl (klein)

Für die Sauce:
2 Zwiebeln (mittelgroß)

1 Knoblauchzehe

50 g Butter

3 EL Pflanzenöl (z. B. Sonnenblumenöl)

3–4 EL Tomatenmark

5. Zum Befüllen der Weißkohlblätter jeweils 1 Kohlblatt auf einem Brett ausbreiten. Reste vom Strunk herausschneiden und die Füllung in die Mitte des Blatts geben. Pro Blatt können 1–2 EL Füllung verwendet werden. Das Blatt von der unteren (dicken) Kante um die Füllung wickeln. Etwa bei der Hälfte des Blattes die Seiten einschlagen und weiter wickeln. Wichtig ist, dass die Röllchen recht fest gewickelt sind, damit sie beim Kochen intakt bleiben. Das gefüllte Gemüse in einen großen Topf eng an- und übereinanderschichten.

6. Für die Sauce Zwiebeln grob hacken. Knoblauchzehe pressen und in Butter und Pflanzenöl glasig braten. Tomatenmark in 200 ml Wasser zu einer dickflüssigen Sauce mischen, das Innere der ausgehöhlten Tomaten dazumischen und alles über die Zwiebeln geben. Die fertige Sauce über die Tolmas geben. Einen kleinen Frühstücksteller umgedreht auf das gefüllte Gemüse legen, damit die Tolmas sich beim Kochen nicht bewegen. Etwa 45–60 Minuten bei mittlerer Hitze köcheln lassen.

Beim »Amarain Tolma« können nicht nur die genannten Gemüsesorten gefüllt werden. Auch Kartoffeln können geschält, aufgeschnitten, ausgehöhlt und mit Füllung versehen werden. Wer eine leicht süßliche Note mag, nimmt Äpfel oder Quitten. Die Hackfleischmischung lässt sich mit Trockenobst verfeinern, so etwa mit Berberitzen und fein gehackten Trockenpflaumen. Ein Geheimtipp zum Befüllen: Kohlrabiblätter. Diese müssen vorher kurz blanchiert werden und ummanteln dann – wie die Weißkohlblätter – die Hackfleischfüllung.

Պասուց տոլմա

Pasuts Tolma

Weißkohlblätter mit Hülsenfruchtfüllung

vegan

Für 6–8 Portionen

Zeitbedarf:
12 Stunden einweichen (oder über Nacht)
60 Minuten zubereiten
30–45 Minuten kochen

Zutaten:

250 g Langkornreis

250 g Tellerlinsen (oder Berglinsen)

3 Zwiebeln

3 EL Olivenöl

200 g Tomatenmark

1 TL Salz

½ TL schwarzer Pfeffer aus der Mühle

1 TL edelsüßes Paprikapulver

1 Knoblauchzehe

1 Dose Kidneybohnen (Abtropfgewicht 255 g)

1 Dose Kichererbsen (Abtropfgewicht 265 g)

½ Bund Koriander

½ Bund Petersilie

1 Kopf Weißkohl

1. Tellerlinsen und Reis jeweils in eine Schüssel geben, mit Wasser bedecken und 12 Stunden oder über Nacht einweichen lassen.
2. Zwiebeln fein würfeln und mit reichlich Olivenöl glasig anbraten. Tomatenmark dazugeben, mit Salz, Pfeffer und Paprikapulver würzen und gut vermischen. Knoblauch fein hacken, dazugeben und kurz anbraten lassen.
3. Reis und Linsen in separaten Sieben abtropfen lassen und zunächst den Reis in einen großen Topf geben. Mit etwa 1 l Wasser aufgießen und zum Kochen bringen. Nach etwa 10 Minuten die Linsen unterrühren und gemeinsam für etwa 20 weitere Minuten garen lassen.
4. Kidneybohnen und Kichererbsen gemeinsam mit den gebratenen Zwiebeln zur Reis-Linsen-Mischung geben. Alles gut miteinander vermengen. Koriander und Petersilie fein hacken und dazugeben. Mit Salz und Pfeffer großzügig würzen.
5. Die Befüllung der Weißkohlblätter bei Pasuts Tolma erfolgt analog zur Befüllung der Weißkohlblätter bei Amarain Tolma (siehe Seite 155).
6. Die fertig gewickelten Tolma in einem Kopf eng an- und aufeinanderschichten. Die geschichteten Tolma mit einem Frühstücksteller bedecken, damit sie sich beim Kochen nicht bewegen. Leicht mit Wasser bedecken und für etwa 20 Minuten kochen, bis die Kohlblätter gar sind.

Obwohl »Pasuts Tolma« die Fastenzeit im Namen trägt (»Pas« = »Fasten«), gehört das Gericht auch zu den traditionellen Silvesterspeisen. Es kann sowohl warm als auch kalt serviert werden. Anstelle von Reis kann Bulgur verwendet werden.

Մշո տոլմա

Msho Tolma

Gefüllte Weinblätter nach Musher Art

mit Fleisch

Für 10 Portionen

Zeitbedarf:
60 Minuten zubereiten
60 Minuten kochen

Zutaten:

1 kg Rindfleisch (z. B. Hüftfleisch oder anderes Fleisch mit geringem Fettanteil)

1 Zwiebel (groß)

50 g Koriander (frisch)

50 g Petersilie (frisch)

50 g Oregano (frisch, oder 1 EL getr.)

1–1,5 TL Salz

1 TL schwarzer Pfeffer aus der Mühle

1 TL edelsüßes Paprikapulver

250 g Bulgur (grob)

1–2 Äpfel (Granny Smith oder andere säuerliche Apfelsorte)

6–8 Trockenpflaumen (ungesüßt oder andere säuerliche Trockenfrüchte)

1 kg eingelegte Weinblätter

1. Rindfleisch fein würfeln oder in feine Scheiben schneiden. Zwiebel und Kräuter hacken und auf dem Schneidebrett miteinander vermischen. 1 TL Salz, Pfeffer und Paprikapulver darüber geben und erneut die Kräuter und Zwiebeln hacken, damit sich das Aroma der Kräuter gut verteilt. Alles gemeinsam mit dem Fleisch in eine große Schüssel geben.

2. Bulgur in einem Sieb unter fließendem Wasser waschen, bis das abfließende Wasser klar ist. Kurz abtropfen lassen, Fleisch hinzugeben und alles gut miteinander vermengen.

3. Äpfel halbieren, entkernen und in feine Scheiben schneiden. Trockenpflaumen ebenfalls zerkleinern.

4. Weinblätter gut abwaschen, um den Geschmack der Salzlake zu reduzieren. Wasser in eine Schüssel geben und die Weinblätter hineinlegen. Vor dem Wickeln können einzelne Weinblätter aus dem Wasser entnommen und über den Schüsselrand gelegt werden, damit sie abtropfen können.

5. Zum Wickeln der Tolmas ein einzelnes Weinblatt mit den Blattadern nach oben auf einem Brettchen ausbreiten und den Stiel abschneiden. Die Fleischmischung in kleinen Mengen (ca. 1 TL) in der Mitte des Blatts platzieren und zu einer länglichen Rolle formen. Dazu zunächst das untere Ende des Weinblattes über die Fleischmischung legen, dann die Seiten des Blatts einklappen. Jetzt muss der Rest des Weinblattes nur noch in einer Rollbewegung um die Fleischmischung gewickelt werden. Wichtig ist, dass die Weinblätter eng gewickelt werden, damit sie sich beim Kochen nicht öffnen.

6. Die gefüllten Weinblätter in einem Kochtopf eng an- und aufeinanderschichten. Dabei Apfelscheiben und Trockenpflaumen in die Zwischenräume legen. Zwischen den einzelnen Tolma-Schichten kann auch immer wieder eine Schicht aus den dünnen Apfelscheiben gelegt werden.

→

7. Einen kleinen Frühstücksteller umgedreht auf die Weinblätter legen, um sie zu beschweren und zu verhindern, dass sie sich beim Kochen bewegen und zerfallen, kochendes Wasser auf die Weinblätter geben, bis sie leicht abgedeckt sind, und bei mittlerer Hitze für etwa 1 Stunde köcheln lassen.

Diese Variante der gefüllten Weinblätter wird den Armenier*innen von Mush, einer Stadt im Osten der heutigen Türkei, zugeschrieben. Bis ins frühe 20. Jahrhundert gehörte Mush zu den sechs armenischen Provinzen des Osmanischen Reichs. Armenier*innen haben bis zum Völkermord von 1915 etwa die Hälfte der Bevölkerung des Ortes ausgemacht. Hunderte armenische Schulen, Kirchen und Klöster wurden dort errichtet, teilweise bereits im 9. Jahrhundert nach Christus.

Davon ist heute nur noch wenig zu sehen. Die Kirchen und Klöster sind zu Ruinen verfallen – Wohnhäuser der Armenier*innen, die dem Völkermord zum Opfer fielen, wurden in den Jahren nach dem Genozid zerstört.

»Msho Tolma« gehört entsprechend zur westarmenischen Küche und ist in Haushalten der Republik Armenien weniger verbreitet als das klassische »Tpov Tolma« (siehe Seite 163). In den letzten Jahren greifen aber immer mehr Restaurants in Yerevan die Esskultur der Westarmenier*innen auf und servieren daher auch »Msho Tolma«.

Թփով տոլմա

Tpov Tolma

Weinblätter mit Hackfleischfüllung

mit Fleisch

Für 10 Portionen

Zeitbedarf:
60 Minuten zubereiten
60 Minuten garen

Zutaten:

Für die Weinblätter:
2 mittelgroße Zwiebeln
½ Bund Koriander
½ Bund Petersilie
2 große Tomaten
1 rote Paprikaschote
1 kg gemischtes Hackfleisch (Rind und Schwein)
250 g Basmatireis
1 TL edelsüßes Paprikapulver
1 TL getr. Basilikum
½ TL getr. Bohnenkraut
½ TL getr. Thymian
1 TL Salz
½ TL schwarzer Pfeffer
1 kg eingelegte Weinblätter
weiche Butter zum Fetten

1. Zwiebeln fein würfeln und Kräuter fein hacken. Etwas Koriander zum Garnieren beiseitestellen. Falls verwendet, Tomaten und Paprika fein hacken. Gemeinsam mit Hackfleisch, Reis, Paprikapulver, Basilikum, Bohnenkraut und Thymian in eine Schüssel geben. Gut vermischen und mit Salz und Pfeffer würzen. Damit sich die Gewürze besser verteilen, kann man der Hackfleischmischung ein wenig lauwarmes Wasser beifügen.
2. Das Wickeln der Tpov Tolma erfolgt analog zum Wickeln der Msho Tolma (siehe Seite 161, Schritt 3. und 4.)
3. Die gefüllten Weinblätter im Kochtopf eng an- und aufeinanderschichten. Einen kleinen Teller umgedreht auf die Weinblätter legen, um sie zu beschweren und zu verhindern, dass sie sich beim Kochen bewegen und zerfallen. Kochendes Wasser auf die Weinblätter geben, bis sie knapp bedeckt sind, und bei mittlerer Hitze so lange köcheln lassen, bis das Wasser fast vollständig verdunstet ist. Etwas Wasser nachgießen und weiter garen, insgesamt etwa 1 Stunde. Die Tpov Tolma sind fertig, wenn die Weinblätter und der Reis weich gekocht sind.
4. Für die Sauce »Skhtor Matsun« Knoblauchzehe pressen, in Joghurt geben, nach Belieben salzen und alles gut verrühren.

→

Für die Sauce – »Skhtor Matsun« mit Knoblauch:
1 Knoblauchzehe

250 g Joghurt (min. 3,5 % Fett)

1 Prise Salz

Für die Sauce – ohne Knoblauch:
1 Eiweiß

Saft von 1 Zitrone

5. Wer auf frischen Knoblauch in der Sauce verzichten will, kann die Tpov Tolma auch mit einer zitronigen Sauce anrichten: dafür 100 ml kaltes Wasser in eine Schale füllen, Eiweiß hineingeben und gut verquirlen. Zitronensaft dazugeben und noch mal verrühren.
6. Kurz bevor die Tolma gar sind, kann der Frühstücksteller aus dem Topf entfernt und die Sauce über die Tolma gegeben werden. Für 2 Minuten köcheln lassen. Die fertigen Tolma mit frischem Koriander und optional auch mit Zitronenscheiben garnieren.

Die Zusammensetzung der Hackfleischmischung kann ganz individuell angepasst werden. Bei den Kräutern gilt: je mehr, desto besser. Aber es gilt auch: Alles kann, nichts muss. Wer bestimmte Kräuter oder Gewürze nicht mag oder nicht zu Hause hat, kann in dieser Hinsicht improvisieren.

Das trifft auch auf Zutaten zu, die im obigen Rezept nicht genannt sind. »Tpov Tolma« werden in manchen Haushalten zum Beispiel mit getrockneten Berberitzen oder Pflaumen zubereitet. Die Früchte verleihen den gefüllten Weinblättern dann eine wunderbar säuerliche Note.

Unabhängig von den Zutaten ist es wichtig, alles sehr fein zu hacken. Je feiner die Zutaten gehackt sind, desto kompakter bleiben die Weinblätter beim Kochen.

Սուտ տոլմա
Sut Tolma
Weinblätter mit veganer Füllung

vegan

Für 4–6 Portionen:

Zeitbedarf:
60 Minuten zubereiten
60 Minuten kochen

Zutaten:

2 mittelgroße Zwiebeln

1 Knoblauchzehe

3 EL Pflanzenöl (z. B. Sonnenblumenöl)

150 g Tomatenmark

1 Dose gehackte Tomaten (400 g)

200 g Basmatireis

½ Bund Petersilie

½ Bund Koriander

½ TL Salz

1 Prise schwarzer Pfeffer aus der Mühle

1 kg Weinblätter

1 Zitrone, in Scheiben geschnitten

Für die Sauce – »Skhtor Matsun« mit Knoblauch:

1 Knoblauchzehe

250 g Joghurt (min. 3,5 % Fett)

1 Prise Salz

1. Zwiebeln fein hacken, Knoblauch pressen und beides in einer großen Pfanne mit Pflanzenöl glasig anbraten. Tomatenmark und die gehackten Tomaten dazugeben und kurz köcheln lassen.
2. Pfanne vom Herd nehmen und Reis dazugeben. Kräuter fein hacken. Etwas Koriander zum Garnieren beiseitestellen. Restliche Kräuter ebenfalls in die Masse geben und vermischen. Großzügig salzen und pfeffern, da die Füllung durch den Kochvorgang ihren Salzgehalt etwas verringert.
3. Das Wickeln der Sut Tolma erfolgt analog zum Wickeln der Msho Tolma (siehe Seite 161, Schritt 3. und 4.)
4. Die gefüllten Weinblätter in einem Kochtopf eng an- und aufeinanderschichten. Einen kleinen Frühstücksteller umgedreht auf die Weinblätter legen, um sie zu beschweren und zu verhindern, dass sie sich beim Kochen bewegen und zerfallen. Kochendes Wasser auf die Weinblätter geben, bis sie leicht abgedeckt sind, und bei mittlerer Hitze köcheln lassen. Wenn das Wasser verdunstet ist, etwas Wasser nachgießen und weiter garen, insgesamt etwa 1 Stunde. Die Sut Tolma sind fertig, wenn die Weinblätter weich geworden sind und der Reis durch ist.
5. Für die Sauce »Skhtor Matsun« Knoblauchzehe pressen, in Joghurt geben, nach Belieben salzen und alles gut verrühren.
6. Die fertigen Tolma mit frischem Koriander und Zitronenscheiben garnieren.

Tipp: Sut Tolma werden in der Regel kalt serviert.

խոխոբ

Khokhob

In Wein geschmortes Huhn mit Granatapfelkernen

mit Huhn

Für 4–6 Portionen

Zeitbedarf:
etwa 1,5 Stunden zubereiten
30–40 Minuten garen

Zutaten:

1,5 kg Hähnchenkeulen mit Knochen

1 kg Zwiebeln

3 EL Butterschmalz

350 g getr. Pflaumen

1 TL Salz

½ TL schwarzer Pfeffer aus der Mühle

1 TL edelsüßes Paprikapulver

2–3 EL Pflanzenöl

300–500 g Granatapfelkerne

500 ml trockener Weißwein

1,5 EL Butter

1 Bund Petersilie

1. Hähnchenkeulen unter kaltem Wasser abspülen und trocken tupfen. Zwiebeln schälen, halbieren und in dicke Streifen schneiden.
2. Butterschmalz in einer großen beschichteten Pfanne erhitzen. Keulen darin bei mittlerer Hitze von allen Seiten anbraten (pro Seite 5–7 Minuten)
3. Derweil die Pflaumen in feine Streifen schneiden, davon 1 EL zum Dekorieren beiseitestellen.
4. Keulen mit Salz, Pfeffer und Paprikapulver würzen, die Hitze reduzieren und weitere 10 Minuten braten, zwischendurch einmal wenden. Herausnehmen und ruhen lassen.
5. Boden der Pfanne mit Pflanzenöl bedecken und heiß werden lassen. Zwiebelstreifen darin bei mittlerer Hitze bedeckt 7–10 Minuten goldbraun braten, zwischendurch rühren.
6. Pflaumen und Keulen in die Pfanne auf die Zwiebelstreifen legen und mit ⅔ der Granatapfelkerne bestreuen. Mit dem Wein ablöschen. 300 ml Wasser dazugeben, aufkochen und bedeckt bei mittlerer Hitze 10 Minuten garen.
7. Butter dazugeben und ohne Deckel 20–30 Minuten garen, bis die Flüssigkeit leicht eingekocht und das Huhn gar ist.
8. Petersilienblätter von Stängeln zupfen, waschen, trocken schütteln und fein hacken.
9. Keulen mit Sauce anrichten, mit den restlichen Pflaumenstreifen, Granatapfelkernen und Petersilie bestreuen. Sofort servieren.

→

»Khokhob« ist ein rund 200 Jahre altes Gericht aus der westarmenischen Küche. Ursprünglich wurde dafür Wildgeflügel wie Fasan, Perlhuhn oder Wachtel verwendet, was auch der Name beweist: »Khokhob« heißt in der westarmenischen Umgangssprache »Fasan«, angelehnt an das georgische »Khokhobi«. Heutzutage ist die Zubereitung mit Huhn, Pute, Lamm oder Rind gängiger. Beim Rindfleisch sollten Sie die Schmorzeit jedoch verdoppeln, damit es weich wird.

Die Granatapfelkerne sind für dieses Rezept unverzichtbar, denn sie sorgen erst für den typischen Geschmack und passen perfekt zum Fleisch, den Zwiebeln und den getrockneten Pflaumen.

Alkoholfreie Variante: Wein durch eine Mischung aus 350 ml Wasser, 100 ml Apfelsaft und 50 ml Apfelessig ersetzen.

Խորոված

Grundrezept Khorovats

Armenisches Grillfleisch

mit Fleisch

Für 8–10 Portionen

Zeitbedarf:
5–10 Stunden zubereiten, verteilt auf 2 Tage
4 Stunden marinieren
20–30 Minuten garen

Zutaten:

4–5 kg Fleisch (z. B. Schweinefleisch mit und ohne Kochen, etwa Schweinelende, -rippchen, -nacken, Hühnerschenkel und -flügel oder Lammkoteletts)

3,5 EL Salz

1 EL schwarzer Pfeffer aus der Mühle

1,5 EL edelsüßes Paprikapulver

2–3 Gemüsezwiebeln

3 EL Pflanzenöl

Zum Servieren:

10–12 Blätter Lavash (siehe Seite 30, alternativ flaches Fladenbrot oder Weizentortillas)

1–2 Gemüsezwiebeln

1 Bund Petersilie

1 Bund Koriander

1. Grillspieße aus Metall sowie einen Grillaufsatz für diese Spieße bereitlegen, damit sie nicht direkt auf dem Rost aufliegen. Fleisch kalt abspülen, trocken tupfen, in einen verschließbaren Behälter geben und rundherum mit Salz, Pfeffer und Paprikapulver einreiben. Abdecken und ein wenig ruhen lassen.
2. Derweil Zwiebeln schälen, längs halbieren und in Streifen schneiden. Zwiebeln zum Fleisch geben, alles mit den Händen vermischen und dabei die Gewürze und Zwiebeln in das Fleisch einmassieren. Verschlossen im Kühlschrank für mindestens 4 Stunden ziehen lassen.
3. Grill anheizen, Spieße mit Öl einfetten und Spießaufsatz auf den Grill stellen. Fleisch aus dem Behälter nehmen und Zwiebelstreifen abstreifen (sonst verbrennen sie und werden bitter). Fleischstücke auf die Spieße stecken, dabei für ein gleichmäßiges Grillergebnis pro Spieß nur eine Fleischsorte verwenden.
4. Spieße auf die Aussparungen des Grillaufsatzes hängen und das Fleisch rundherum goldbraun und knusprig garen, dabei regelmäßig die Spieße drehen. Zarte Fleischsorten garen schneller: Sie sind in 6–10 Minuten durchgegart. Größere, festere Sorten, besonders jene mit Knochen, benötigen 20–30 Minuten.
5. Während das Fleisch gart, einen großen, tiefen Teller, eine Schüssel oder einen Topf mit mindestens 2 Lagen Lavash zu einem »Bett« auslegen. Zwiebeln schälen, halbieren und in feine Streifen schneiden. Kräuter waschen, trocken schütteln und fein hacken. In einer Schale mit Zwiebelstreifen mischen.

→

6. Sobald ein Fleischspieß fertig ist, 1–2 Blätter Lavash wie einen Topflappen verwenden und damit das Fleisch vom Spieß auf das Lavash-Bett geben. Ein wenig von der Zwiebel-Kräuter-Mischung darauf streuen und mit einer weiteren Lage Lavash bedecken, um die Hitze zu bewahren und das Fleisch vor dem Austrocknen zu schützen. Bei jedem weiteren Spieß ebenso verfahren, bis alle Fleischstücke fertig sind.
7. Grillfleisch zusammen mit dem Lavash und Kräutern genießen.

Tipps: Dazu passt der Grillgemüsesalat Khorovats Banjareghenov Aghtsan (siehe Seite 65), den Sie ebenfalls auf dem Grill zubereiten können.

Khorovats gelingt auch im Backofen. Dafür das Grillgut im 220 °C heißen Ofen mit der Grillfunktion auf der obersten Schiene garen und regelmäßig wenden.

Armenier*innen sind auf viele Dinge stolz, und die Grillkunst gehört definitiv dazu. Die armenische Art zu grillen nennt sich »Khorovats«, was übersetzt ganz einfach »Gegrilltes« bedeutet und alles einschließt, was man auf einem Grill zubereiten kann: Fleisch, Fisch und Gemüse. Um zu spezifizieren, was genau gegrillt wird, hängt man im Armenischen einfach vorn das entsprechende Nomen an: »Havi Khorovats« ist etwa gegrilltes Hühnerfleisch, »Khozi Khorovats« gegrilltes Schweinefleisch, »Dskan Khorovats« gegrillter Fisch und so weiter. Armenisches »Khorovats« ist, richtig zubereitet, besonders aromatisch und saftig, was unter anderem an der Marinade liegt: Das Grillgut wird mit Salz, Pfeffer und Paprikapulver eingerieben und mehrere Stunden zusammen mit Zwiebeln mariniert. Dies macht die Fleischstruktur zart und verleiht dem Grillgut zudem eine besondere Note.

In der armenischen Esskultur wird hauptsächlich auf dem »Manghal« gegrillt, einem Holzkohlegrill, bei dem das Grillgut auf lange Metallspieße gesteckt und unter gelegentlichem Rotieren über der heißen Glut gegart wird. »Khorovats« ist in der Regel Männersache, doch keine Sorge: Niemand schaut eine Frau komisch an, wenn auch sie am Grill aktiv ist.

Auch im »Tonir«, dem armenischen Erdofen, wird gelegentlich Khorovats gemacht: Dabei hängt das Grillgut an speziellen Haken über der glühenden Holzkohle, während die Außenwände ringsherum indirekte Hitze abgeben. Dieses »Tonri Khorovats« hat ein ganz spezielles Aroma.

Քյաբաբ
Kyabab
Gegrillte Hackspieße

mit Fleisch

Für 4–6 Portionen

Zeitbedarf:
30–40 Minuten zubereiten
3 Stunden marinieren
15–20 Minuten garen

Zutaten:

1,5 kg gemischtes Hackfleisch aus Rind- und Schweinefleisch im Verhältnis 4:1

1 große Gemüsezwiebel

1 Knoblauchzehe

⅓ Bund Petersilie

2 TL Salz

1 TL schwarzer Pfeffer aus der Mühle

½ TL gem. Kreuzkümmel

½ TL Cayennepfeffer

Pflanzenöl zum Einfetten

Zum Servieren:
1 rote Zwiebel

2–3 Stiele Petersilie

Schaschlikspieße (aus Metall)

1. Hackfleisch in eine große Schüssel geben. Zwiebel und Knoblauch schälen. Beides fein reiben und zum Fleisch geben.
2. Petersilie waschen, trocken schütteln, zu dicke Stiele entfernen, fein hacken und zum Fleisch geben. Salz und Gewürze hinzugeben. Mit den Händen vermischen und abgedeckt im Kühlschrank mindestens 3 Stunden ziehen lassen.
3. Masse aus dem Kühlschrank nehmen und noch einmal vermengen. Backofen auf 220 °C Umluft vorheizen. Backblech mit Backpapier auslegen. Ein Ofengitter einölen oder mit Backtrennspray einsprühen.
4. Eine Handvoll Hackmasse zu einer Kugel formen und um einen Spieß herumwickeln, dabei mit Knetbewegungen auf die gesamte Länge des Spießes drücken, um sie gleichmäßig zu verteilen. Mit den restlichen Spießen ebenso verfahren.
5. Backblech auf die unterste Schiene des Ofens schieben. Spieße auf das Ofengitter legen und auf der mittleren Schiene des Backofens 15–20 Minuten garen, zur Hälfte der Garzeit einmal wenden.
6. Währenddessen rote Zwiebel schälen und in Ringe schneiden. Petersilie waschen, trocken schütteln, Blätter von den Stielen zupfen und grob hacken.
7. Fertige Spieße aus dem Ofen nehmen und auf einer Servierplatte anrichten. Mit Zwiebelringen und Petersilie bestreuen und sofort heiß servieren.

Tipp: Für das authentische Geschmackserlebnis das Fleisch vom Spieß ziehen und zusammen mit Zwiebeln und Petersilie in eine Lage Lavash einrollen (siehe Seite 30).

Greetings From
ARMENIA
Ողջույններ Հայաստանից

Խորոված իշխան ձուկ
Khorovats Ishkhan Dsuk
Gegrillte Forelle

mit Fisch

Für 4–8 Portionen

Zeitbedarf:
45 Minuten zubereiten
30 Minuten marinieren
5–10 Minuten garen

Zutaten:

2 küchenfertige Lachsforellen ohne Kopf (insgesamt 2 kg)

1 EL grobes Salz

1 Bund Estragon

2 EL Pflanzenöl

½ EL edelsüßes Paprikapulver

1 TL schwarzer Pfeffer aus der Mühle

1 Zitrone

1. Lachsforellen in jeweils 3–4 Stücke schneiden und rundherum mit Salz einreiben. Estragon waschen, trocken schütteln. Die Hälfte des Estragons mit dem Fisch in einem ausreichend großen Behälter mit den Händen vermengen und abgedeckt für 30 Minuten im Kühlschrank ziehen lassen.
2. Derweil Grill anheizen oder Backofen auf 220 °C Umluft vorheizen, gegebenenfalls Grillfunktion nutzen.
3. Fischstücke vom Estragon befreien, erst mit Öl, dann mit Paprikapulver und Pfeffer einreiben.

Bei Zubereitung auf dem Grill:

Fischstücke in einen gefetteten Grillkorb oder eine Grillschale legen und auf dem heißen Grill je nach Dicke 5–10 Minuten garen, dabei 1- bis 2-mal wenden.

Bei Zubereitung im Backofen:

1. Fisch auf ein mit Backpapier belegtes Blech setzen und im vorgeheizten Ofen auf der obersten Schiene je nach Dicke 5–10 Minuten garen, dabei 1- bis 2-mal wenden.
2. Zitrone heiß abspülen und in Spalten schneiden. Fertige Fischstücke auf einer Servierplatte anrichten, Zitronenspalten zum individuellen Verfeinern dazulegen.

Tipp: Dazu passen gegrillte, gekochte oder gebackene Kartoffeln, frisches Lavash (siehe Seite 30) oder Brot wie Matnakash (siehe Seite 33) sowie frische Kräuter wie Estragon, Dill und Petersilie.

Die Sevan-Forelle, die nur in Armenien heimisch ist, trägt den royalen Namen »Ishkhan«, was wörtlich übersetzt »Prinz« bedeutet. Ihr Fleisch ist in der Regel rosa bis rot, und sie ist größer und schwerer als die hiesigen Regenbogenforellen. Da sie aber hierzulande nicht zu kaufen ist, lässt sich dieses Rezept am besten mit Lachsforelle umsetzen, die zum Grillen ideal ist.

Խաշած իշխան ձուկ
Khashac Ishkhan Dsuk
Gedämpfte Forelle

mit Fisch

Für 2–4 Portionen

Zeitbedarf:
50 Minuten zubereiten
10–15 Minuten ruhen lassen
25–30 Minuten garen

Zutaten:

3 küchenfertige Regenbogenforellen oder 2 küchenfertige Bachforellen (insgesamt ca. 500–700 g)

1 EL grobes Salz

4–5 mittelgroße Kartoffeln

½ Gemüsezwiebel

1 Bund Estragon

2–3 Zweige Petersilie

50 g zimmerwarme Butter

1 getr. Lorbeerblatt

½ TL schwarzer Pfeffer aus der Mühle

1 Zitrone

1. Forellen innen und außen gründlich mit kaltem Wasser abspülen und trocken tupfen. Rundherum mit Salz einreiben und 10–15 Minuten ruhen lassen.
2. Währenddessen Kartoffeln schälen und längs in gleichmäßige, fingerdicke Scheiben schneiden. Zwiebel schälen und in Streifen schneiden. Estragon und Petersilie waschen und trocken schütteln.
3. Den Boden eines ausreichend großen Topfes mit 1 TL Butter fetten. Kartoffelscheiben in einer Lage darauf platzieren, darüber gleichmäßig die Zwiebelstreifen verteilen. Lorbeerblatt hinzugeben.
4. Forellen mit Estragon und Petersilie füllen und auf dem Gemüse platzieren. Butter in Flöckchen auf den Forellen verteilen. Mit Pfeffer würzen. Mit Wasser aufgießen, bis die Kartoffeln und Zwiebeln bedeckt sind. Auf dem Herd mit Deckel 25–30 Minuten bei mittlerer Hitze garen.
5. Zitrone heiß abspülen, trocken tupfen und längs in Spalten schneiden. Zum Servieren zuerst die Forellen vorsichtig auf eine Servierplatte legen, dann Kartoffeln und Zwiebeln drumherum anrichten. Lorbeerblatt entfernen. Alles mit dem Sud beträufeln. Zitronenspalten zum individuellen Verfeinern dazu reichen.

Normalerweise werden für dieses Gericht armenische Sevan-Forellen verwendet. Doch da die außerhalb des Landes schwer zu bekommen sind, können Sie für dieses Rezept auch die hier erhältlichen Forellenarten nehmen.

Das Geheimnis liegt in der sanften Zubereitungsweise, durch die der Fisch saftig und aromatisch wird. Gleichzeitig garen Kartoffeln und Zwiebeln im Fischsud, der durch den großzügigen Einsatz von Estragon seinen unvergleichlichen Geschmack erhält. Estragon ist in der armenischen Küche das Kraut der Wahl für Fisch- und Eiergerichte.

Խաշլամա

Khashlama

Geschichteter Fleisch- und Gemüseeintopf

mit Rind- oder Lammfleisch

Für 4–6 Portionen

Zeitbedarf:
1,5–2 Stunden zubereiten
10 Minuten ruhen lassen
45–60 Minuten kochen

Zutaten:

6 mittelgroße oder große festkochende Kartoffeln

2 TL Salz

1 TL schwarzer Pfeffer aus der Mühle

1 TL edelsüßes Paprikapulver

1–1,5 kg Rindersuppenfleisch mit Knochen (alternativ Lammsuppenfleisch mit Knochen)

5 große Fleischtomaten

3 Gemüsezwiebeln

4 grüne und gelbe Spitzpaprika (alternativ Paprikaschoten)

1 EL weiche Butter

½ Bund Koriander

½ Petersilie

300 ml Bier nach Geschmack (optional)

1. Kartoffeln schälen und je nach Größe halbieren, die Stücke sollten etwa gleich groß sein. In einer Schüssel mit jeweils der Hälfte der Gewürze mischen und ruhen lassen.
2. Währenddessen das Suppenfleisch kalt abspülen und trocken tupfen. In einer Schüssel mit der anderen Hälfte der Gewürze mischen und abgedeckt etwa 10 Minuten ruhen lassen.
3. Derweil Tomaten waschen, trocken tupfen und in dicke Scheiben schneiden. Zwiebeln schälen und in dicke Halbringe schneiden. Paprika waschen, trocken tupfen, halbieren und Stiel und Kerngehäuse entfernen. Kräuter waschen, trocken schütteln. Stiele grob hacken, Blätter fein hacken und für später beiseitestellen.
4. Einen großen Topf innen mit Butter fetten. Den Boden mit einer Schicht Tomatenscheiben bedecken, darauf je eine Schicht Zwiebeln, Paprika, Fleisch, Kräuterstiele und Kartoffeln geben. In dieser Reihenfolge weiter schichten, bis der Topf voll ist.
5. Nach Geschmack Bier dazugeben und vorsichtig mit Wasser auffüllen, bis alles knapp bedeckt ist. Topf auf den Herd stellen und ohne Deckel einmal aufkochen. Hitze reduzieren und bedeckt 45–60 Minuten leise köcheln lassen, bis Fleisch und Kartoffeln gar sind. Während des Garens nicht umrühren!
6. Es gibt zwei Arten, Khashlama zu servieren. Bei der einen werden Fleisch und Gemüse zusammen mit der Brühe in tiefe Teller oder Suppenschüsseln gefüllt und mit Kräutern bestreut. Bei der anderen werden Einlage und Brühe separat gereicht: Zunächst werden Fleisch und Gemüse auf einer großen Servierplatte angerichtet und mit Kräutern bestreut. Jeder Gast nimmt sich etwas davon und isst es mit Messer und Gabel. Die Brühe wird in Schalen als Beilage dazu gereicht, sie kann getrunken oder gelöffelt werden.

→

Tipps: Dazu passt frisches Lavash (siehe Seite 30) oder Brot wie Matnakash (siehe Seite 33).

Für eine vegane Variante das Fleisch und die Butter weglassen und dafür mehr saisonales Gemüse sowie getrocknete Pilze (für den kräftigen, fleischigen Geschmack) verwenden.

Dieser armenische Eintopf kommt mit nur wenigen Zutaten aus, und auch die Zubereitung ist denkbar unkompliziert. Doch im Gegensatz zu vielen anderen Suppen und Eintöpfen wird »Khashlama« geschichtet und niemals umgerührt, was dazu führt, dass das Gemüse trotz der langen Kochzeit seine Form behält und die Brühe relativ klar bleibt. Das mit Knochen und Fett durchzogene Suppenfleisch gibt der Brühe und dem Gemüse viel Geschmack und ist nach dem Garen zart und saftig. Besonders wichtig sind frische, aromatische Zutaten, da kaum Gewürze zum Einsatz kommen, die vom Eigengeschmack der Produkte ablenken. Deshalb sollten Sie darauf achten, möglichst reife, saftige Tomaten und Fleisch von bester Qualität zu verwenden.

Der Name »Khashlama« stammt, genauso wie bei der Suppe »Khash«, vom armenischen Verb »khashel«, was »kochen« bedeutet. Traditionell kam keine andere Flüssigkeit außer Wasser hinein, außerdem wurde »Khashlama« bei besonderen Gelegenheiten mit Fleisch von einem Opferlamm gekocht. Beim traditionellen armenischen Tieropfer, dem »Matagh«, schlachtet eine Familie nach dem Überwinden von großem Unglück, schwerer Krankheit oder entbehrungsreicher Zeit ein gesegnetes Lamm nach speziellen religiösen Opferriten, gart dessen Fleisch in Wasser und serviert es möglichst vielen Menschen, um sie an diesem Glück teilhaben zu lassen. Auch Tieropfer zu Geburten, Hochzeiten oder anderen großen Festlichkeiten waren früher üblich und sind es in einigen ländlichen Gegenden und bei sehr gläubigen Familien immer noch.

Heutzutage wird Khashlama seltener mit Lamm und umso häufiger mit Rindfleisch gekocht. Es gibt auch Fisch-Khashlama, das der gedämpften Forelle »Khashac Ishkhan Dsuk« (siehe Seite 178) sehr ähnelt. Eine spezielle Form dieses Eintopfs ist das Trauer-Khashlama, das zum Leichenschmaus nach Beerdigungen serviert wird. Dieses Khashlama ist noch minimalistischer und kommt ausschließlich mit Fleisch, Kartoffeln, Kräutern und Wasser aus.

Ավելուկով ապուր
Avelukov Apur
Aveluk-Suppe

vegetarisch

Für 4–6 Portionen

Zeitbedarf:
40 Minuten zubereiten
10–15 Minuten kochen
5 Minuten ziehen lassen

Zutaten:

1 Gemüsezwiebel

40 g Butterschmalz

1 EL Tomatenmark

1 EL Weizenmehl

100 ml Gemüsebrühe, ungesalzen (alternativ Wasser)

2 mittelgroße, festkochende Kartoffeln

70 g Bulgur

1 Zopf Aveluk, küchenfertig (gewässert, gekocht, abgetropft und grob zerkleinert, siehe Grundrezept Aveluk auf Seite 57)

50 g fein gehackte Walnusskerne

1 gestr. EL Salz

⅓ TL schwarzer Pfeffer aus der Mühle

⅓ TL edelsüßes Paprikapulver

2 Knoblauchzehen

3 EL Apfelessig

1. Zwiebel schälen und fein würfeln. Butterschmalz in einem großen Topf erhitzen und Zwiebelwürfel darin bei mittlerer Hitze anschwitzen, bis sie glasig sind. Tomatenmark dazugeben, mit Mehl bestäuben und bei mittlerer Hitze unter ständigem Rühren etwa 1 Minute anschwitzen. Sofort 100 ml Gemüsebrühe oder Wasser esslöffelweise dazugeben, dabei weiter rühren, bis alles die Konsistenz einer dicken Mehlschwitze hat. Nach und nach 1,5 l Wasser dazugeben, dabei weiter rühren, um Klümpchen zu vermeiden.
2. Kartoffeln schälen, in mundgerechte Würfel schneiden. Bulgur in einem Sieb unter kaltem Wasser abspülen. Kartoffelwürfel, abgetropften Bulgur und Aveluk in die Suppe rühren. Auf höchster Stufe aufkochen lassen, die Hitze reduzieren und 10–15 Minuten köcheln lassen, bis Kartoffeln und Bulgur gar sind.
3. Gehackte Walnusskerne unterrühren, mit Salz, Pfeffer und Paprikapulver abschmecken. Herd ausschalten und die Suppe mit der Resthitze noch etwa 5 Minuten ziehen lassen.
4. In der Zwischenzeit Knoblauch schälen und fein hacken (alternativ pressen) und in einem kleinen Schälchen mit Apfelessig mischen. Die Suppe in tiefen Tellern oder Schalen anrichten, mit je ½ TL Knoblauch-Essig beträufeln.

→

Aveluk-Suppe wird in der armenischen Küche klassischerweise in der kalten Jahreszeit gegessen: Auf diese Art können die im Sommer getrockneten Aveluk-Zöpfe im Herbst und Winter zu einem nahrhaften, wärmenden und sättigenden Gericht verarbeitet werden. Der säuerliche Geschmack von gekochtem Aveluk passt perfekt zu herzhaften und stärkehaltigen Zutaten wie Bulgur und Kartoffeln. Zwiebeln, Knoblauch und Essig fangen die feinherben Aromen des Krautes auf.

Neben dem hier vorgestellten Rezept gibt es Aveluk-Suppe in vielen anderen Varianten. Das Grundrezept beinhaltet jedoch fast immer die Basis aus gebratenen Zwiebeln und Mehlschwitze, die der Suppe ihre leichte Sämigkeit und mehr Geschmack verleiht. Die weiteren Zutaten sind je nach Region, Familienrezept und persönlicher Präferenz unterschiedlich: Es gibt beispielsweise Versionen mit grünen Linsen, Kidneybohnen, weißen Bohnen, Kichererbsen, Suppennudeln oder Reis.

Tipp: Für die vegane Variante das Butterschmalz durch Pflanzenöl oder pflanzliche Margarine ersetzen.

Կոլոլակով թանապուր
Kololakov Tanapur
Joghurtsuppe mit Fleischklößchen

je nach Geschmack mit Rindfleisch oder vegetarisch

Für 6–8 Portionen

Zeitbedarf:
35–40 Minuten zubereiten
10–15 Minuten kochen

Zutaten:

30 g Basmati-Reis (alternativ Jasminreis)

400 g Joghurt (min. 3,5 % Fett)

120 g saure Sahne (alternativ Crème fraîche)

1 EL Weizenmehl

2 TL Salz

8–10 rohe Ltsonats Kololak (siehe Seite 145) oder Vospov Kololak (siehe Seite 149), alternativ kleine Klöße nach Wahl

3 EL Butter

1 EL getr. Minze

½ EL getr. Basilikum

1 Knoblauchzehe

1. Reis mit kaltem Wasser in eine ausreichend große Schüssel geben und mit der Hand mehrmals verrühren. Wasser vorsichtig abgießen und den Vorgang ein weiteres Mal wiederholen. Reis in einem feinmaschigen Sieb abtropfen lassen.
2. Joghurt, saure Sahne und Mehl in einem großen beschichteten Topf mit einem Schneebesen glatt rühren, bis keine Klümpchen mehr zu sehen sind. Abgetropften Reis hinzugeben und gut verrühren.
3. 1,3 l kochendes Wasser langsam zur Joghurtmasse in den Topf geben, dabei mit dem Schneebesen gut verrühren. Topf auf den Herd stellen und die Suppe bei starker Hitze unter ständigem Rühren aufkochen lassen. Hitze reduzieren und 5 Minuten köcheln lassen. Mit Salz abschmecken.
4. Die Klößchen dazugeben und in der Suppe bei niedriger Hitze 6–8 Minuten garen.
5. Währenddessen in einem kleinen Topf Butter schmelzen. Minze und Basilikum dazugeben, gegebenenfalls vorher zwischen den Fingern zerreiben. Knoblauchzehe hineinpressen. Gewürzbutter wenige Minuten bei niedriger Hitze unter Rühren goldbraun werden lassen – aufpassen, dass der Knoblauch nicht zu dunkel wird.
6. Gewürzbutter in die Suppe geben, umrühren und weitere 2–5 Minuten köcheln lassen. Noch heiß servieren.

Suppen auf Joghurtbasis haben eine lange Tradition in der armenischen Küche. Fleischlos waren sie ein gesundes, nahrhaftes und schnell zubereitetes Alltagsessen, zu besonderen Gelegenheiten enthielten sie fleischhaltige Einlagen wie die gefüllten Klößchen »Kololak«.

Սպաս

Spas

Joghurtsuppe mit Weizen

vegetarisch

Für 8 Portionen

Zeitbedarf:
60 Minuten zubereiten
50 Minuten kochen

Zutaten:

1000 g griechischer Joghurt (alternativ 750 g Joghurt mit min. 3,5 % Fett und 250 g Crème fraîche kombinieren)

½ Bund Koriander

100 g Weizen

1 Ei (Größe M)

1 EL Mehl

1 l kochendes Wasser

1 TL Salz

1. Joghurt aus dem Kühlschrank nehmen, damit er auf Raumtemperatur kommt. Koriander hacken und beiseitestellen. Weizen für etwa 30 Minuten in Salzwasser vorkochen. Wasser abgießen und Weizen abtropfen lassen.
2. Joghurt, Ei und Mehl in einen Topf geben und mit einem Schneebesen gut verrühren. Kochendes Wasser unter ständigem Rühren hinzugeben, damit der Joghurt nicht flockt.
3. Die Suppe bei hoher Temperatur zum Kochen bringen. Weizen dazugeben und bei niedriger Hitze für etwa 20 Minuten köcheln lassen.
4. Nach Belieben salzen und mit frischem, gehacktem Koriander servieren.

Traditionell wird »Spas« mit »Choratan« (sonnengetrockneter Buttermilch) zubereitet. Daher rührt auch der alternative Name der Suppe: »Tan Apur« (Buttermilchsuppe). Mittlerweile ist jedoch Joghurt verbreiteter.

Der im heutigen Armenien weitaus gängigere Name »Spas« geht auf das armenische Verb »spasarkel« (»servieren«) zurück und weist darauf hin, dass die heiße Suppe mit Löffeln serviert und nicht aus Bechern getrunken werden sollte, wie es in ländlichen Gegenden lange Zeit üblich war.

Spas ist ein klassisches Comfort-Food der armenischen Küche, das in der Regel in den Herbst- und Wintermonaten verzehrt wird. Mittlerweile gibt es verschiedene Variationen. Statt Weizen kann auch Reis verwendet werden. Dieser muss vorher nur gewaschen werden und kann roh zur Suppe gegeben werden. Neben Koriander eignet sich getrocknete Minze (etwa 1 EL). Manchmal kommen auch Zwiebelwürfel hinein.

Zum Servieren gibt man einen kleinen Würfel kalte Butter in die heiße Suppe.

Ոսպով ապուր
Vospov Apur
Linsensuppe

vegan

Für 4 Portionen

Zeitbedarf:
20 Minuten zubereiten
40–45 Minuten kochen
8 Stunden ziehen lassen (optional)

Zutaten:

300g Tellerlinsen (oder Berglinsen/grüne Linsen; alternativ Linsen aus der Dose)

2 mittelgroße Zwiebeln

2–3EL Pflanzenöl

1 Knoblauchzehe (optional)

1EL Tomatenmark

2l Gemüsebrühe (ungesalzen; alternativ Wasser)

½ Bund Koriander

½–1TL Salz

1 Prise schwarzer Pfeffer aus der Mühle

1TL edelsüßes Paprikapulver

1TL Apfelessig

1. Linsen über Nacht einweichen und im Anschluss für etwa 30 Minuten in Wasser weichkochen, Wasser anschließend abgießen. Wer weniger Zeit hat, verwendet Linsen aus der Dose.
2. Zwiebeln fein würfeln. In einem großen Topf Pflanzenöl erhitzen und die Zwiebeln darin bei mittlerer Hitze etwa 5 Minuten anbraten. Knoblauch pressen (alternativ: reiben oder sehr fein hacken) und zu den Zwiebeln geben. 5–10 Minuten unter Rühren weiter braten, bis die Zwiebeln glasig sind und der Knoblauch sein Aroma entfaltet.
3. Tomatenmark hinzugeben und unter Rühren kurz mitrösten. Linsen und Gemüsebrühe dazugeben, Hitze erhöhen und aufkochen. Dann bei mittlerer Hitze 10–15 Minuten köcheln lassen.
4. Währenddessen Koriander fein hacken und zur Suppe geben. Mit Salz, Pfeffer, Paprikapulver und Apfelessig abschmecken. Heiß servieren.

Diese armenische Linsensuppe gehört zu den einfachsten und gleichzeitig nahrhaftesten Gerichten der armenischen Fastenzeit, in der Gläubige keine tierischen Produkte zu sich nehmen.

Սունկ ապուր
Sunk Apur
Champignonsuppe

vegan

Für 4 Portionen

Zeitbedarf:
25–30 Minuten zubereiten
10–15 Minuten kochen
5 Minuten ziehen lassen

Zutaten:

150 g festkochende Kartoffeln

1 Gemüsezwiebel

50 g Goldhirse (alternativ Langkornreis oder Bulgur)

250 g Champignons

25 g Petersilie

½ TL Salz

¼ TL schwarzer Pfeffer aus der Mühle

1. 1 l Wasser in einem Topf zum Kochen bringen.
2. Derweil Kartoffeln und Zwiebeln schälen und in grobe Würfel schneiden.
3. Goldhirse ins kochende Wasser geben, aufkochen und etwa 5 Minuten bei mittlerer Hitze köcheln lassen. Kartoffeln und Zwiebeln dazugeben und mitkochen.
4. Pilze säubern, in Scheiben schneiden und ebenfalls in die Suppe geben. Weitere 5–10 Minuten köcheln, bis die Kartoffeln gar sind.
5. Währenddessen die Petersilie waschen, trocken schütteln und fein hacken. Die Suppe mit Salz und Pfeffer abschmecken und die Petersilie hineingeben. Herd abstellen und die Suppe 5 Minuten ziehen lassen. Heiß servieren.

Manchmal sind es die ganz einfachen Gerichte, die einen bleibenden Eindruck hinterlassen – wie diese Pilzsuppe, ein klassisches leichtes Alltagsessen der armenischen Küche.

»Sunk Apur« lässt sich gut an persönliche Vorlieben anpassen. Wer es etwas deftiger mag, kann 1 TL Pflanzenöl hinzufügen. Die frische Petersilie kann durch andere frische Kräuter wie beispielsweise Koriander ersetzt werden. Wer keine Goldhirse zur Hand hat, kann stattdessen Langkornreis oder Bulgur verwenden, die Kochzeit sollte entsprechend ein wenig verlängert werden.

Ein ähnliches Gericht ist die Pilzsuppe »Sokonov Apur«, bei der allerdings frische Austernpilze die Hauptzutat sind.

Վանա խաշ
Vana Khash
Joghurt-Linsen-Suppe auf Lavash-Bett

vegetarisch

Für 8 Portionen

Zeitbedarf:
40–60 Minuten zubereiten
30–45 Minuten kochen
10–15 Minuten ziehen lassen

Zutaten:

Für die Suppe:
350g getr. Tellerlinsen (oder Berglinsen)
4EL Mehl
2 Eier (Größe M)
1TL Salz (gegebenenfalls mehr)
1000g griechischer Joghurt
¼TL Bohnenkraut (gerebelt)

Zum Anrichten:
2 Gemüsezwiebeln
200g Butter
5–7 Knoblauchzehen
1–2 getr. Lavash-Fladen

1. Linsen in Salzwasser bei mittlerer Hitze 20–25 Minuten vorkochen. Das Wasser abgießen und Linsen abtropfen lassen.
2. In einem großen Topf Mehl und Eier miteinander verquirlen und die Mischung großzügig salzen. Joghurt dazugeben und alles mit einem Schneebesen oder Handrührgerät glatt mixen. Unter ständigem Rühren etwa 750ml kaltes Wasser dazugeben, bis eine cremige Konsistenz entsteht. Bohnenkraut dazugeben und verrühren.
3. Den Topf auf den Herd stellen und die Suppe auf niedriger Stufe erhitzen, sie sollte nur ganz leicht köcheln, etwa 10 Minuten lang. Linsen dazugeben und gut verrühren. Herd ausschalten und weitere 10–15 Minuten ziehen lassen.
4. Derweil Zwiebeln in Halbringe schneiden. Die Butter in einer großen Pfanne zum Schmelzen bringen und Zwiebeln darin bei hoher Hitze 5–10 Minuten braten, bis sie goldbraun sind.
5. Knoblauch in eine kleine Schale pressen, 2–3 Kellen der Suppe darüber gießen und gut umrühren.
6. Zum Servieren zunächst das getrocknete Lavash in eine tiefe Schüssel bröseln. Suppe darüber gießen. Dadurch entsteht eine breiige Konsistenz. Gebratene Zwiebeln und Knoblauchsauce darüber geben und genießen.

»Vana Khash« wird vor allem im Süden Armeniens, in der Region Syunik, zubereitet, doch der Name weist auf die eigentliche Herkunft des Gerichts hin: die Provinz Van, die zu Zeiten des Osmanischen Reichs armenisch war und heute im äußersten Osten der Türkei liegt.

In der traditionellen Version von »Vana Khash« kommt eine sehr spezielle Zutat der armenischen Küche zum Einsatz: »Choratan«. Dabei handelt es sich um hitzebehandelte, sonnengetrocknete Buttermilchbällchen, die über Monate haltbar sind. Mittlerweile wird diese Zutat jedoch nur noch selten verwendet. Stattdessen greifen Armenier*innen zu Alternativen wie Joghurt.

Ղափամա
Ghapama
Gefüllter Kürbis

vegetarisch

Für 2–4 Portionen

Zeitbedarf:
2,5 Stunden zubereiten
1–1,5 Stunden backen
10 Minuten kochen

Zutaten:

200 g Basmatireis (alternativ Jasminreis)

1 mittelgroßer oder großer Hokkaido-Kürbis (alternativ eine andere runde Kürbissorte in derselben Größe), ca. 1,5–2 kg

4 EL Butter

30 g Rosinen (alternativ Korinthen oder Sultaninen)

30 g getr. Aprikosen

30 g getr. Pflaumen

100 g Nusskerne nach Geschmack (z. B. Walnusskerne und Mandeln)

½ TL Zimt

½ TL Salz

3 EL Honig

1 TL Apfelessig

1. Backofen auf 150 °C Ober- und Unterhitze vorheizen.
2. Reis waschen. Dafür den Reis in eine ausreichend große Schüssel geben, kaltes Wasser hineingeben und mit der Hand mehrmals verrühren. Wasser vorsichtig abgießen und den Vorgang 2- bis 3-mal wiederholen oder bis das Wasser nicht mehr milchig trüb ist. Reis in einem feinmaschigen Sieb abtropfen lassen.
3. Kürbis mit einem feuchten Küchentuch von außen reinigen und anschließend unbehandelt auf einem Backblech im heißen Backofen durchwärmen, damit er sich leichter schneiden lässt. Nach 20 Minuten den Kürbis aus dem Ofen nehmen und handwarm abkühlen lassen.
4. Währenddessen den Reis in einem großen, beschichteten Topf in viel Wasser etwa 10 Minuten kochen. Der Reis sollte nicht komplett durchgaren, sondern recht bissfest sein. In einem feinmaschigen Sieb abgießen und beiseitestellen. Reistopf ausspülen und trocken wischen.
5. Rosinen, Aprikosen, Pflaumen und Nusskerne grob hacken. Butter im (ehemaligen) Reistopf schmelzen. Trockenfrüchte, Nusskerne, Zimt, Salz und Honig hinzugeben und unter Rühren von allen Seiten 5 Minuten anbraten, bis es duftet und der Honig leicht karamellisiert. Mit Apfelessig und 100 ml Wasser ablöschen und alles zum Reis geben.
6. Kürbisdeckel am Strunk sternförmig (schöner) oder rund (einfacher) abschneiden und aufheben. Kürbiskerne und faseriges Fruchtfleisch mit einem Löffel auskratzen. Steht der Kürbis nicht stabil, weil er am Boden uneben ist, die untere Spitze vorsichtig nur so weit absäbeln, bis der Kürbis gerade stehen kann, ohne umzukippen. Dabei unten kein Loch entstehen lassen, aus dem die Füllung später herausfallen könnte.

→

7. Backofen auf 170 °C Umluft vorheizen.
8. Kürbis auf ein mit Backpapier belegtes Blech oder in eine ofenfeste Form stellen. Reismischung in den Kürbis füllen, mit dem Kürbisdeckel gut verschließen und im Ofen etwa 1–1,5 Stunden garen, dabei das Blech zwischendurch einmal um 180° rotieren.
9. Mit einem Holzstäbchen oder einem Zahnstocher den Gartest machen: Lässt sich das Stäbchen ohne Widerstand von außen in die Kürbisschale stechen, ist das Ghapama fertig. Aus dem Ofen nehmen und 15–20 Minuten ruhen lassen, damit der Reis die Feuchtigkeit aus dem Kürbis aufsaugen kann.
10. Auf einer großen runden Servierplatte anrichten, den Kürbisdeckel abnehmen und den Kürbis rundherum wie eine Torte anschneiden, sodass sich die Kürbisspalten mit der Füllung wie eine Blüte öffnen lassen.

Dieser mit süßem Reis gefüllte Kürbis ist in Armenien so bekannt und begehrt, dass es sogar ein Lied über ihn gibt: Popsänger Harout Pamboukjian verhalf dem alten Volkslied »Hey jan Ghapama« (»Hey, mein liebes Ghapama«) Mitte der 1980er zu internationaler Bekanntheit. Mittlerweile ist der Song von armenischen Hochzeiten nicht mehr wegzudenken. Im Lied geht es um einen reifen Kürbis, der mit allerlei Süßem gefüllt und im »Tonir«-Ofen gebacken wird, bis der köstliche Duft sich im ganzen Dorf verbreitet und 100 Menschen (Verwandte, Freunde, Nachbarn) anlockt, die alle vom aromatischen »Ghapama« kosten wollen.

Ursprünglich war »Ghapama« ein süßes Festtagsessen, das im Herbst und Winter zubereitet wurde. Hierfür wurden die größten und schmackhaftesten Kürbisse ausgewählt, schließlich mussten möglichst viele Menschen satt werden. Auch heutzutage wird das Gericht zu Festen und Partys serviert, doch es muss nicht immer der Riesenkürbis vom Feld sein: Das Rezept oben ist etwa für einen Hokkaido-Kürbis gedacht. Neben seinem einzigartigen Geschmack ist Ghapama ein Gericht, das auch beeindruckend aussieht und sich daher besonders gut für Gäste eignet.

Die traditionelle Füllung ist süß, doch es gibt zudem herzhafte Varianten wie Ghapama aus Erzurum, bei dem Kalbfleisch, Auberginen, Tomaten, Karotten und Kidneybohnen verarbeitet werden (siehe Seite 199), oder süß-salziges Ghapama aus der armenischen Region Tavush, das neben Reis, Trockenfrüchten und Nüssen eine beachtliche Menge an karamellisierten Zwiebeln enthält und mit Salz abgeschmeckt wird.

Tipp: Für eine vegane Variante die Butter durch pflanzliche Margarine ersetzen und statt Honig Zuckerrübensirup, Agavendicksaft oder Ahornsirup verwenden.

Էրզրումի ղափամա

Erzurumi Ghapama

Gefüllter Kürbis mit Fleisch und Gemüse

mit Rindfleisch

Für 2–4 Portionen

Zeitbedarf:
1–1,5 Stunden zubereiten
30–35 Minuten backen

Zutaten:

250 g Kalbsgeschnetzeltes

2 Karotten

2–3 mittelgroße Tomaten

2 kleine Auberginen

2 EL Pflanzenöl

1 mittelgroßer oder großer Hokkaido-Kürbis (alternativ eine andere runde Kürbissorte in derselben Größe), ca. 1,5–2 kg

100 ml Tomatensaft

100 g Kidneybohnen aus der Dose

1 TL Salz

¼ TL schwarzer Pfeffer aus der Mühle

½ TL edelsüßes Paprikapulver

1 EL weiche Butter

1. Backofen auf 180 °C Umluft vorheizen.
2. Kalbsfleisch waschen, trocken tupfen und in dünne Streifen schneiden. Karotten schälen und raspeln. Tomaten waschen, vom Strunk befreien und fein würfeln. Auberginen waschen, Strunk entfernen und grob würfeln.
3. Öl in einer großen Pfanne erhitzen und das Kalbfleisch darin bei hoher Hitze kurz kräftig anbraten, herausnehmen und beiseitestellen. Anschließend in derselben Pfanne Karotten, Auberginen und Tomaten bei mittlerer Hitze 5–10 Minuten braten.
4. In der Zwischenzeit den Kürbis mit einem feuchten Küchentuch von außen reinigen und anschließend unbehandelt im Ofen für 10 Minuten erwärmen, damit er sich leichter schneiden lässt. Dann den Kürbis aus dem Ofen nehmen und handwarm abkühlen lassen. Ofen nicht ausschalten.
5. Das Pfannengemüse mit Tomatensaft ablöschen. Kidneybohnen hinzugeben und alles bei niedriger Hitze 10 Minuten weich garen, dabei gelegentlich umrühren.
6. Währenddessen den abgekühlten Kürbis weiterverarbeiten: Kürbisdeckel am Strunk abschneiden und aufheben. Kürbiskerne und faseriges Fruchtfleisch mit einem Löffel auskratzen. Steht der Kürbis nicht stabil, weil er am Boden uneben ist, die untere Spitze vorsichtig nur so weit absäbeln, bis der Kürbis gerade stehen kann, ohne umzukippen. Dabei unten kein Loch entstehen lassen, aus dem die Füllung später herausfallen könnte.
7. Kürbis auf ein mit Backpapier belegtes Blech oder in eine ofenfeste Form stellen, mit dem Kürbisdeckel verschließen und im Ofen 10 Minuten backen.
8. In der Zwischenzeit das Gemüse in der Pfanne mit Salz, Pfeffer und Paprikapulver würzen, das Kalbsfleisch dazugeben, alles vermengen und den Herd ausstellen.

→

9. Pfanneninhalt in den Kürbis füllen und mit dem Deckel wieder verschließen. Mit einem Backpinsel den Kürbis rundherum mit weicher Butter bestreichen und im Ofen bei 200 °C Umluft weitere 10–15 Minuten goldbraun backen.
10. Mit einem Holzstäbchen oder einem Zahnstocher den Gartest machen: Lässt sich das Stäbchen ohne Widerstand von außen in die Kürbisschale stechen, ist das Ghapama fertig und kann aus dem Ofen genommen werden.
11. Auf einer großen runden Servierplatte anrichten, den Kürbisdeckel abnehmen und den Kürbis rundherum wie eine Torte anschneiden, sodass sich die Kürbisspalten mit der Füllung wie eine Blüte öffnen lassen.

»Ghapama« aus Erzurum stammt aus der gleichnamigen Stadt in der heutigen Türkei. Bis 1915 machten Armenier*innen einen großen Teil der dortigen Bevölkerung aus, prägten das Stadtbild und die lokale Küche mit. Erzurum ist auch unter dem armenischen Namen Karin bekannt, denn so hieß die Stadt in der Antike.

Als während des Völkermords die armenische Bevölkerung aus Erzurum floh, brachten einige von ihnen die traditionellen Rezepte in die Republik Armenien. Diese Ghapama-Variante mit Fleisch gehört dazu. Je nach Region und Familie entwickelten sich weitere Abwandlungen: So wird manchmal Rindergeschnetzeltes statt Kalb verwendet oder statt Geschnetzeltem Hackfleisch. Manche Köch*innen ergänzen die Fleisch-Gemüse-Füllung mit Reis oder Bulgur, andere Variationen enthalten Kichererbsen statt Kidneybohnen. Auch Kräuter und Gewürze unterscheiden sich je nach Gebiet und Familientradition: Mal wird sehr minimalistisch gewürzt, mal sehr kräftig.

Orientieren Sie sich also beim Nachkochen an Ihrem Geschmack und wandeln Sie dieses Rezept nach Belieben ab, so wie Generationen von Armenier*innen das auch schon taten.

Tipp: Für eine vegane Variante pflanzliche Margarine statt Butter verwenden sowie das Fleisch weglassen oder Fleischersatzprodukte verwenden. Auch Pilze passen gut dazu.

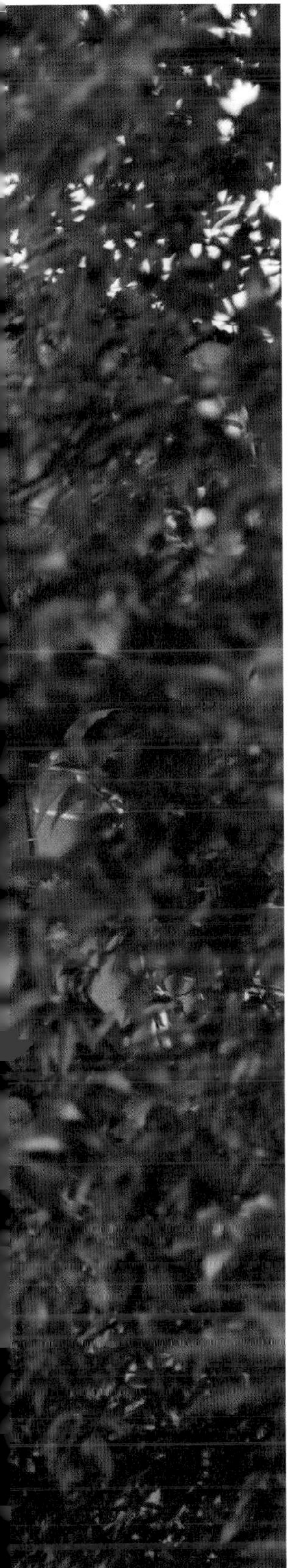

GEBÄCK UND SÜSSSPEISEN

Խմորեղեն և քաղցրավենիքներ

Կլոր գաթա

Klor Gata

Runder Kuchen mit Streuselfüllung

vegetarisch

Für 1 runden Gata-Fladen

Zeitbedarf:
1,5 Stunden zubereiten
35–45 Minuten backen

Zutaten:

Für den Teig:

450 g Weizenmehl (Type 405) + etwas Mehl für die Arbeitsfläche

200 g kalte Butter (in kleine Stückchen geschnitten)

1 Ei

200 g Joghurt

1 TL Essig

1 Pck. Backpulver

½ TL Salz

Für die Streuselfüllung »Khoriz«:

100 g flüssiges Butterschmalz

200 g Mehl

200 g Zucker

1 Pck. Vanillinzucker

Zum Bestreichen:

1 Eigelb

1 TL Milch

Teigmischer / Pastry Cutter

1. Für den Teig Mehl in eine große Schüssel füllen. Butter dazugeben und mit einem Teigmischer (alternativ mit den Händen) 5–10 Minuten grob ins Mehl einarbeiten. In der Mitte eine Mulde formen und Ei hineinschlagen.
2. In einer separaten großen Schale Joghurt, Essig und Backpulver mischen. (Achtung, es schäumt stark auf.) Mischung zum Mehl geben, Salz hinzufügen. Mit dem Teigmischer verkneten, bis der Teig klebrig und zugleich bröselig ist. Kurz mit den Händen weiter kneten, bis er glatt ist. Ruhen lassen.
3. In der Zwischenzeit die Streuselfüllung »Khoriz« zubereiten: in einer Schüssel Butterschmalz, Mehl, Zucker und Vanillinzucker mit den Händen verkneten, bis eine krümelige Streuselmasse entsteht. Die Masse ist genau richtig, wenn sie zwar noch bröselig ist, aber beim Zusammendrücken ihre Form behält. Beiseitestellen.
4. Arbeitsplatte bemehlen und den Teig darauf wenige Minuten kneten und dann zu einem runden Fladen formen. Diesen mit den Händen gleichmäßig rund ausrollen.
5. Streuselmasse in die Mitte des Teiges geben. Mit den Fingern die Teigränder rundherum hochziehen und über der Füllung zusammendrücken, sodass eine Art Beutel entsteht. Oberfläche mit den Händen glatt streichen und etwas andrücken. Teigfladen umdrehen und entweder mit den Händen oder einem Nudelholz einige Sekunden leicht rund ausrollen, ohne zu viel Druck auszuüben. Die Füllung soll sich so mit dem Teig verbinden, sich aber nicht vollständig in ihm auflösen.
6. Backofen auf 190 °C Ober- und Unterhitze vorheizen. Ein Backblech mit Backpapier auslegen und den Gata-Fladen vorsichtig darauf platzieren.

→

7. Zum Bestreichen Eigelb und Milch mischen und mit einem Backpinsel auf den Fladen streichen. Mit einer Gabel ein Karomuster in die Teigoberfläche malen und an einigen Stellen vorsichtig einstechen, damit beim Backen die Luft zirkulieren kann.

8. Gata auf der untersten Schiene 35–45 Minuten goldbraun backen. Herausnehmen und entweder noch warm anschneiden und servieren oder vollständig abkühlen lassen. Luftdicht verschlossen lässt sich Gata bei Zimmertemperatur 2–3 Tage oder im Kühlschrank etwa 1 Woche aufbewahren.

»Gata« gehört nicht nur zu den beliebtesten, sondern auch zu den ältesten armenischen Backwaren: Erwähnt wird der Kuchen, der einem süßen, runden Brot ähnelt, bereits in Quellen aus dem vierten Jahrhundert. Die Geschichte des Gebäcks ist eng mit der christlichen Geschichte der Armenier verknüpft: So wurden die runden, goldgelben Fladen zunächst in Anlehnung an »den Leib Christi« zu kirchlichen Messen rund um das Felsenkloster Geghard gebacken und verteilt, wo auch heute noch Frauen aus der Region an kleinen Ständen ihr kunstvoll verziertes Gata-Gebäck anbieten.

Erst im Laufe der Zeit wurde der Teig mit der süßen Füllung »Khoriz« angereichert. In manchen Gegenden ist es Tradition, ein besonderes Gata zu Neujahr zu backen, das eine versteckte Münze enthält. Die Person, die das Stück mit der Münze erhält, soll ein glückliches und reiches Jahr vor sich haben.

Gata hat eine dünne, fast knusprige Kruste, unter der sich ein weicher und zugleich mürber Teig verbirgt. Dieser bildet die ideale Hülle für die Khoriz-Füllung, die an Butterstreusel erinnert.

Es gibt viele unterschiedliche Variationen und gefühlt hat jede Familie ihr ganz eigenes Rezept. Manche Teige enthalten statt Joghurt saure Sahne, in anderen kommt weder das eine noch das andere Milchprodukt vor. Es gibt Variationen mit Hefe statt Backpulver, und einige Gata-Arten sind nicht nur mit Khoriz, sondern auch mit Trockenfrüchten oder gehackten oder gemahlenen Walnusskernen gefüllt. Für einige Bäcker*innen gehören ein paar Tropfen Brandy unbedingt ins Khoriz, während andere auf Honig und Rum schwören. Zudem existiert neben dem runden Gata-Kuchen auch die kleinere Konfekt-Version aus Blätterteig (siehe Seite 207). Kurzum: Es gibt nicht das eine, universell gültige Gata-Rezept. Vertrauen Sie daher Ihrem Bauchgefühl und wandeln Sie dieses Rezept so ab, wie es sich für Sie und Ihre Liebsten am besten eignet.

Երևանյան գաթա
Yerevanian Gata
Blätterteigkonfekt mit Streuselfüllung

vegetarisch

Für 18–24 Stück

Zeitbedarf:
60 Minuten zubereiten
10–20 Minuten kühlen
30–35 Minuten backen

Zutaten:

Für die Streuselfüllung »Khoriz«:
1,5 EL flüssiges Butterschmalz (alternativ Ghee oder Butter)

90 g Zucker

1 Pck. Vanillinzucker

60 g Mehl

Für den Teig:
Mehl für die Arbeitsfläche

250 g frischer, fertiger Butter-Blätterteig

1 Ei

Zum Bestreichen:
1 TL Milch

1. Für die Streuselfüllung in einer Schüssel Butterschmalz, Zucker, Vanillinzucker und Mehl mit den Händen verkneten, bis eine krümelige Streuselmasse entsteht. Die Masse ist genau richtig, wenn sie zwar noch bröselig ist, aber beim Zusammendrücken ihre Form behält.
2. Die Arbeitsfläche bemehlen. Frischen Blätterteig aus dem Kühlschrank nehmen, auf der Arbeitsfläche ausbreiten und in drei gleich große Rechtecke teilen.
3. Ei trennen, Eigelb kalt stellen. Eiweiß kurz verquirlen und mit einem Backpinsel oder den Fingern eine dünne Schicht davon auf den Teigstücken verstreichen, dabei auch die Ränder bestreichen.
4. Ein Drittel der Streuselmasse auf dem ersten Teigrechteck verteilen, dabei an den langen Seiten etwa 1,5 cm Abstand zum Rand lassen.
5. Teig von der langen Seite her vorsichtig aufrollen, abdecken und in den Kühlschrank (alternativ ins Eisfach) legen. Mit den beiden restlichen Teigstücken genauso verfahren. Teigrollen im Kühlschrank 10–20 Minuten kühlen (alternativ 5–10 Minuten im Eisfach).
6. Backofen auf 200 °C Umluft vorheizen. Ein Backblech mit Backpapier auslegen. Zum Bestreichen übrig gebliebenes Eigelb und Milch glattrühren.
7. Teigrollen auf ein Küchenbrett legen, mit der Eigelbmischung bestreichen und mit einem Wellenmesser (alternativ einem normalen Messer) diagonal in gleich große Stückchen teilen. Jedes Stückchen kann je nach Vorliebe 5–10 cm lang sein.

→

8. Gatastücke mit ausreichend Abstand zueinander (sie gehen im Ofen auf, zudem läuft ein wenig Füllung aus) aufs Blech legen und auf der zweiten Schiene von unten etwa 5 Minuten backen.

9. Temperatur auf 190 °C reduzieren und weitere 30–40 Minuten backen, bis die Gatastücke goldbraun sind. Sofort warm servieren oder an einem trockenen Ort unbedeckt abkühlen lassen. Sobald sie komplett abgekühlt sind, in einem luftdichten Behälter bis zu 1 Tag bei Raumtemperatur oder bis zu 3 Tage im Kühlschrank aufbewahren.

Yerevaner »Gata« (auch »Nasuk« genannt) ist die moderne Häppchenvariante des traditionellen Gata-Gebäcks. Die handlichen Stückchen lassen sich gut zum Tee oder Kaffee servieren.

Im Vergleich zum großen Gata-Kuchen ist jedoch nicht nur die Form anders, sondern auch der Teig: Statt weichem Mürbeteig kommt bei Yerevaner Gata Blätterteig zum Einsatz. Ursprünglich wurde der Blätterteig selbst gemacht, doch dieses Rezept kürzt die Prozedur mit gekauftem Blätterteig deutlich ab. Aber Vorsicht: Da in den meisten industriell produzierten Blätterteigen pflanzliches Fett statt Butter enthalten ist, wird das Gebäck pappig und klebrig, wenn es zu lange steht. Um das zu vermeiden, sollten Sie für Gata möglichst nur Blätterteig kaufen, in dem ausschließlich Butter verarbeitet ist. Falls Sie doch anderen Blätterteig verwenden wollen, passen Sie das Rezept in der Menge so an, dass das Gata-Konfekt noch warm verspeist werden kann und keine Reste übrig bleiben.

Auch bei dieser Gata-Variante können Sie die »Khoriz«-Füllung mit gehackten Walnusskernen (oder anderen Nüssen Ihrer Wahl) und einer Prise Zimt anreichern.

Չորեկ / Կաթնահունց

Chorek / Katnahunts

Armenischer Osterzopf

vegetarisch

Für 1 Zopf

Zeitbedarf:
30 Minuten zubereiten
3–4 Stunden ruhen
30 Minuten backen

Zutaten:

Für den Teig:
60 g Butter
60 ml Milch
90 g Zucker
1 Pck. Trockenhefe
2 Eier
1 TL gem. Mahlep (alternativ 1 ml Bittermandelaroma + 1 Msp. gem. Sternanis)
1 Prise Salz
250 g Mehl
Pflanzenöl

Zum Bestreichen:
1 Ei
½ EL Sesamsaat
½ EL Schwarzkümmel (optional)

1. In einem kleinen Topf Butter schmelzen, Milch hinzufügen und erwärmen. Zucker einrühren, bis er sich aufgelöst hat. Topf vom Herd nehmen und handwarm abkühlen lassen. Hefe einrühren und etwa 10 Minuten ruhen lassen.
2. Währenddessen die Eier in einer großen Rührschüssel aufschlagen. Mahlep und Salz hinzugeben und glatt rühren. Milch-Hefe-Mischung hineinrühren.
3. Mehl portionsweise hineinsieben, dabei mit einem Holzlöffel immer wieder verrühren, bis der Teig klebrig wird. Danach mit den Händen 5–10 Minuten weiter kneten, bis der Teig nicht mehr am Schüsselrand kleben bleibt. Gegebenenfalls esslöffelweise Mehl hinzugeben, falls der Teig noch zu klebrig ist. Aber Vorsicht: Nicht zu viel Mehl verwenden, weil das Gebäck sonst zu trocken wird.
4. Schüssel mit Öl benetzen, dabei auch ein wenig Öl auf dem Teig verreiben. Schüssel mit einem Geschirrhandtuch abdecken und den Teig an einem warmen Ort etwa 3 Stunden gehen lassen, bis er auf die doppelte Größe angewachsen ist.
5. Arbeitsfläche leicht mit Öl einreiben, den Teig darauf geben, noch einmal kurz durchkneten und in drei gleich große Teile teilen. Jedes Teigstück zu einem Strang ziehen, die Stränge sollten die gleiche Länge und Dicke haben.
6. Ein Backblech mit Backpapier auslegen. Die Stränge mit etwas Abstand nebeneinander auf das Backblech legen und einen Zopf flechten, indem die jeweils äußeren Stränge nacheinander über den mittleren Strang gelegt werden. Sind die Stränge komplett miteinander verflochten, die Teigenden gut zusammendrücken und nach unten umschlagen.
7. Zopf mit Frischhaltefolie und einem Geschirrhandtuch locker bedecken und an einem warmen Ort weitere 30–45 Minuten gehen lassen.

→

8. Backofen auf 180 °C Ober- und Unterhitze vorheizen.
9. Ei mit ½ TL Wasser glattrühren und den Zopf damit bestreichen. Zopf mit Sesam und Schwarzkümmel bestreuen und im Backofen auf mittlerer Schiene 25–30 Minuten backen, bis er goldbraun ist.
10. Vor dem Servieren handwarm abkühlen lassen.

Tipp: Am besten schmeckt Chorek in Scheiben geschnitten und mit Butter bestrichen.

»Chorek« ist die armenische Version des Hefezopfes, der in vielen Kulturen zu Ostern oder anderen Feiertagen gebacken wird. Traditionell wird »Chorek« aus drei Strängen geflochten, die die Heilige Dreifaltigkeit symbolisieren sollen. Interessant ist, dass der Zopf in der armenischen Diaspora beliebter und verbreiteter ist als in Armenien selbst. Und doch erfährt das Gebäck seit einigen Jahren auch in Armenien eine Art Renaissance, nachdem viele Familien aus der Diaspora sich dort niedergelassen haben.

Eine Variation dieses Gebäcks ist »Katnahunts«, der aus dem gleichen Teig besteht, aber anders geformt wird: Die geflochtenen Teigstränge werden lang gezogen und zu einem Ring gelegt. Oftmals kommt darüber ein zweiter, dünnerer, ebenfalls geflochtener Teigring. Diese Form soll an die Dornenkrone Christi erinnern.

Das typische Aroma des Ostergebäcks, dessen Konsistenz an Brioche erinnert, kommt von einem speziellen Gewürz namens »Mahlep«, dem Keimling aus dem Kern der Felsenkirsche. In fein gemahlener Form sorgt Mahlep für einen unvergleichlichen süß-sauren und nussigen Geschmack. Das Gewürz, das auch »Mahlab«, »Mahleb« oder »Mahalab« genannt wird, existiert in der armenischen, arabischen, türkischen und griechischen Küche bereits seit Jahrhunderten.

Sollten Sie kein Mahlep finden, kommt eine Mischung aus Bittermandelaroma und Sternanis dem typischen Geschmack zumindest nahe. Diese Mischung jedoch bitte sehr vorsichtig dosieren, da die starken Aromen den buttrig-zarten Eigengeschmack des Osterzopfes schnell überdecken können.

Փախլավա

Pakhlava

Honig-Walnuss-Gebäck

vegetarisch

Für 20 Portionen

Zeitbedarf:
30 Minuten zubereiten
40 Minuten backen
3–8 Stunden ruhen lassen

Zutaten:

Für Pakhlava:

400–450g Walnusskerne

½TL Zimt

250g Zucker, Menge geteilt

5 Eier (Größe M)

250g Crème fraîche

1 Prise Salz

1TL Backpulver

250g weiche Butter

600g Weizenmehl + 200g nach Bedarf

1 Eigelb

Für den Sirup:

150g Honig

150g Zucker

Saft von ½ Zitrone

1. Walnusskerne fein hacken, mit Zimt und 200g Zucker in einer Schüssel vermischen.
2. Für den Teig Eier, Crème fraîche, restlichen Zucker, Salz, Backpulver, weiche Butter und zunächst 600g Weizenmehl in einer großen Schüssel vermengen und zu einem weichen, nicht klebrigen Teig kneten. Wenn der Teig zu stark klebt, können bis zu 200g Mehl hinzugegeben werden. Den Teig in mindestens 4 gleich große Teile aufteilen und dünn ausrollen, sodass jedes Teigstück ungefähr die Maße eines Backblechs hat.
3. Das Backblech mit Backpapier auslegen. Die erste Teigschicht darauf ausbreiten. Ein Drittel der Walnussmischung darauf verteilen. Diesen Prozess 2-mal wiederholen, bis die Mischung vollständig verteilt wurde. Auf die oberste Walnussschicht folgt die letzte Teigschicht. Diese mit 1 Eigelb bestreichen und nach Belieben mit Walnusskernen dekorieren.
4. Backofen auf 200°C Ober-/Unterhitze (Umluft 180°C) vorheizen.
5. Vor dem Backen wird der Pakhlava in seine charakteristischen Rautenstücke geschnitten. Es empfiehlt sich hierbei, die einzelnen Stücke relativ klein zu halten, da Pakhlava ein sehr süßes Gebäck ist. Beim Schneiden sollte darauf geachtet werden, dass das Messer durch alle Teigschichten schneidet.
6. Im vorgeheizten Ofen goldbraun backen. Dann aus dem Ofen nehmen und abkühlen lassen.
7. Für den Sirup Honig, 200ml Wasser und Zucker in einem Topf auf mittlerer Hitze erhitzen. Zitronensaft dazugeben und alles gut umrühren. Sobald eine sirupartige Konsistenz entsteht, Topf vom Herd nehmen.
8. Den warmen Sirup über den abgekühlten Pakhlava gießen. 3–8 Stunden gut durchziehen und servieren.

→

Geschichtetes, mit Nüssen gefülltes Gebäck, das mit duftendem Sirup übergossen wird? Ja, das existiert in einigen Kulturen unter ähnlichem Namen – und es gibt viele verschiedene Theorien zur Herkunft dieser Köstlichkeit.

Für das armenische »Pakhlava« wird vermutet, dass das Gebäck ursprünglich zum Fastenbrechen an Ostern gereicht wurde. Demnach soll sogar der Name auf diese Tradition hinweisen: Die Silbe »Pakh« soll auf die Fastenzeit »Pahk« hindeuten, während die Silbe »lava« sich vom Wort »halva« ableiten lässt, was auf Arabisch »süß« bedeutet. Armenisches Pakhlava soll auch aus 40 Teigschichten bestanden haben, die auf die 40 Fastentage verweisen.

Während in der westarmenischen Küche die Zubereitung mit Filoteig stark verbreitet ist, hat sich in der ostarmenischen Küche aufgrund ihrer Sowjet-Vergangenheit die hier beschriebene Zubereitung etabliert, da Zutaten wie Filoteig dort lange Zeit kaum erhältlich waren. Ob nun mit dem west- oder ostarmenischen Rezept zubereitet: Pakhlava hat seinen festen Platz in der armenischen Festtagsküche und wird nicht nur an Ostern, sondern auch an Weihnachten und Silvester serviert.

Միկադո տորթ
Mikado Tort
Buttercreme-Schokoladen-Torte

vegetarisch

Für 15 Portionen

Zeitbedarf:
30 Minuten zubereiten
40 Minuten backen
3–8 Stunden ruhen lassen

Zutaten:

Für die Tortenböden:

2 Eier (Größe M)

100g Zucker

100g weiche Butter

150g saure Sahne

1TL Backpulver

1 Pck. Vanillinzucker

430–500g Weizenmehl + etwas Mehl für die Arbeitsfläche

Für die Creme:

250g weiche Butter

1 Dose Karamell-Kondensmilch (400g)

4TL Backkakao

1 Pck. Vanillinzucker

50g dunkle Schokolade

1. Für die Tortenböden Ei und Zucker mit einem Handrührgerät miteinander verquirlen. Butter, saure Sahne, Backpulver und Vanillinzucker unterrühren und alles gut vermischen. Mehl hinzugeben und zu einem weichen Teig kneten.
2. Den Teig auf der bemehlten Arbeitsfläche in acht gleich große Stücke (jeweils etwa 110g) teilen. Die kleinen Teigkugeln mit einem Nudelholz zu dünnen Fladen (vergleichbar mit Crêpes) ausrollen.
3. Den Backofen auf 200°C Ober-/Unterhitze (180°C Umluft) vorheizen.
4. Die Teigfladen einzeln auf der mittleren Schiene für jeweils 5 Minuten backen, bis sie leicht angebräunt sind.
5. Die fertig gebackenen Tortenböden mit einem großen Teller oder einem Backblech beschweren, damit sie sich beim Abkühlen nicht aufrollen.
6. Für die Creme weiche Butter in eine Schüssel geben und mit einem Handrührgerät mixen. Die Karamell-Kondensmilch löffelweise unterrühren. Kakaopulver und Vanillinzucker hinzufügen und mixen, bis eine cremige Konsistenz entsteht. Wenn die Tortenböden abgekühlt sind, kann die Torte geschichtet werden. Vorsicht: Die gebackenen Tortenböden haben eine Keks-ähnliche Konsistenz und können leicht brechen.
7. 1–1½EL Creme auf den ersten Tortenboden geben und mit einem Messer vorsichtig verstreichen. Darauf den nächsten Tortenboden legen, ebenfalls mit Creme bestreichen. So weitermachen, bis alle Böden mit Creme übereinandergeschichtet sind. Auch den obersten Tortenboden mit Creme bestreichen und zuletzt dunkle Schokolade darüber raspeln.
8. Mindestens 3 Stunden oder besser über Nacht kühl stellen und ruhen lassen. Am besten schmeckt Mikado Tort tatsächlich am nächsten Tag, wenn die Tortenböden durch die Creme weich geworden sind und sich die Aromen verteilt haben.

Փքաբլիթ
Pkablit
Krapfen mit Vanillecreme

vegetarisch

Für 10–15 Krapfen

Zeitbedarf:
35 Minuten zubereiten
60 Minuten gehen lassen

Zutaten:

Für den Teig:
250 ml lauwarme Milch
100 ml lauwarmes Wasser
1 Pck. Trockenhefe
1 Prise Salz
3 EL Zucker
1 Ei
500 g Mehl + etwas Mehl für die Arbeitsfläche

Für die Creme:
500 ml Milch
300 g Zucker
5 EL Mehl
1 Pck. Vanillinzucker
ausreichend neutrales Pflanzenöl (z. B. Sonnenblumenöl) sowohl zum Fetten der Hände als auch zum Ausbacken der Krapfen
Puderzucker

1. Für den Teig lauwarme Milch und lauwarmes Wasser in eine große Schüssel geben. Trockenhefe, Salz und Zucker hineinrühren und so lange mischen, bis sich Salz, Hefe und Zucker auflösen.
2. Ei aufschlagen, kurz verquirlen, hinzugeben und gut verrühren. Mehl dazugeben und alles zu einem weichen Teig verrühren. Wenn der Teig zu klebrig ist, gegebenenfalls weiteres Mehl hinzugeben. Den Teig abdecken und für mindestens 1 Stunde an einem warmen Ort gehen lassen.
3. Für die Creme Milch mit 300 g Zucker und Mehl in einen Topf geben, gut verrühren und bei niedriger Hitze zum Köcheln bringen. Sobald sich die Konsistenz verfestigt, Topf vom Herd nehmen und Vanillinzucker unterrühren. Creme abkühlen lassen.
4. Zum Füllen die Arbeitsfläche bemehlen und den Teig darauf kurz dehnen und falten. Den Teig nun in kleine Teile schneiden. Diese sollten etwa so groß wie Quarkbällchen sein, weil der Teig beim Ausbacken noch aufgeht.
5. Sollte der Teig ab diesem Arbeitsschritt noch zu klebrig sein, die Hände leicht mit neutralem Pflanzenöl beölen. (Kein weiteres Mehl hinzugeben!) Die Teigteilchen leicht platt drücken und je 1 TL Creme in die Mitte des Teigs platzieren. Die Füllung mit dem Teig umschließen, das Teilchen mit den Händen zuerst zu einer kleinen Kugel rollen, anschließend leicht plattdrücken, beiseitelegen und kurz ruhen lassen. Die verbliebenen Teigstücke ebenso befüllen. Es empfiehlt sich, wirklich erst das Füllen abzuschließen und dann mit dem Ausbacken zu beginnen, sodass alle Krapfen ungefähr gleich lang ruhen können.

→

6. Zum Ausbacken Öl in einem kleinen Topf oder einer tiefen Pfanne erhitzen. Die Menge des Öls hängt vom Durchmesser des Topfs und der Größe der Krapfen ab. Wichtig ist, dass die Krapfen beim Ausbacken im Öl schwimmen können.
7. Das Öl sollte zum Ausbacken 175 °C haben. Wer kein Küchenthermometer hat, kann auf ein altes Hausmittel zurückgreifen. Dazu den Stiel eines Holzlöffels ins Öl halten. Wenn sich kleine Bläschen um das Holz bilden, hat das Öl die richtige Temperatur.
8. Die einzelnen Teigteilchen vorsichtig ins Öl geben und darin für 1–1,5 Minuten von beiden Seiten goldbraun ausbacken. Einen großen Teller mit Küchentüchern auslegen. Krapfen aus dem Öl nehmen und auf die Küchentücher legen, damit diese das überschüssige Fett aufnehmen können.
9. Wenn die Krapfen abgekühlt sind, können sie mit Puderzucker bestreut und serviert werden.

Im Zentrum von Armeniens Hauptstadt Yerevan steht seit den frühen 2000er-Jahren eine Pilgerstätte für alle Fans dieser Süßspeise. Das Café »Ponchikanots« des armenischen Süßwarenherstellers Grand Candy ist eine wahre Institution. Wer es betritt, wird von kunterbunten Farben und fröhlicher Musik begrüßt, an der Decke hängen Modelleisenbahnen, und Flugzeuge schweben durch das Lokal. Die Zielgruppe: eindeutig Grundschulkinder. Doch das »Ponchikanots« ist durchaus auch bei Erwachsenen beliebt, vor allem für die Spezialität des Hauses: »Pkablit« – oder auf Russisch »Ponchik«.

Tipp: Durch ein Versehen haben wir entdeckt, dass das Pkablit-Rezept auch vegan funktionieren kann – denn beim ersten Testbacken haben wir das Ei vergessen!

Für eine vegane Variante also die Kuhmilch durch eine pflanzliche Alternative ersetzen und das Ei weglassen. Wer es besonders süß mag, kann beim Zubereiten der Creme bis zu 375 g Zucker und gegebenenfalls auch eine weitere Packung Vanillinzucker verwenden.

Մեղրով տորթ
Meghrov Tort
Geschichtete Honigtorte

vegetarisch

Für 15 Portionen

Zeitbedarf:
30 Minuten zubereiten
25–30 Minuten backen
8 Stunden ruhen lassen

Zutaten:

Für die Tortenboden:

3 Eier (Größe M)

250 g Zucker

3 EL Honig

3 EL Milch

150 g Butter

1 TL Apfelessig

1 TL Backpulver

600 g Mehl + etwas Mehl für die Arbeitsfläche

Für die Creme:

250 g Butter (Raumtemperatur)

1 Pck. Vanillinzucker

1 Dose gezuckerte Kondensmilch (400 g, Raumtemperatur)

150 g gem. Walnusskerne (alternativ gem. Mandelkerne; optional)

1. Für die Tortenböden Eier, Zucker, Honig, Milch und Butter in einen mittelgroßen Topf geben. Einen etwas größeren Topf mit Wasser befüllen und erhitzen. Die Zutaten im kleineren Topf im Wasserbad unter ständigem Rühren zum Köcheln bringen.
2. In einem Becher Apfelessig mit Backpulver mischen. Die Mischung auf die köchelnde Masse geben, rühren und für 1 Minute weiter köcheln lassen. Den Topf aus dem Wasserbad nehmen, für etwa 30 Sekunden vorsichtig rühren. Das Mehl unterrühren. Gegebenenfalls eine weitere Prise Mehl hinzufügen, falls der Teig zu flüssig ist. Der Teig verfestigt sich allerdings auch, sobald er ein wenig abkühlt.
3. Arbeitsfläche bemehlen und den Teig darauf in drei gleich große Kugeln aufteilen. Jede Kugel aufrollen, sodass 5 mm dicke, rechteckige Teigfladen entstehen.
4. Den Backofen auf 180 °C Ober-/Unterhitze (160 °C Umluft) vorheizen.
5. Die Teigfladen darin einzeln für 7–10 Minuten backen, bis sie goldbraun sind. Die fertigen Tortenböden abkühlen lassen.
6. Für die Creme weiche Butter in eine Schüssel geben und mit dem Handrührgerät rühren. Vanillinzucker hinzufügen und die gezuckerte Kondensmilch langsam unterrühren. Alles mixen, bis die Masse eine feste, cremige Konsistenz hat.
7. Die Creme auf die Tortenböden auftragen. Die Tortenböden aufeinanderschichten und die Tortenränder mit einem Messer angleichen. Die Teigreste fein zerbröseln und als Tortengarnitur über die Cremeschicht auf dem obersten Tortenboden geben. Nach Belieben können auch fein gehackte Walnuss- oder Mandelkerne zum Garnieren verwendet werden.

→

8. Die Torte über Nacht bei Zimmertemperatur ruhen lassen, damit die Creme in die Teigschichten einziehen kann. An heißen Sommertagen kann die Torte zum Ruhen auch in den Kühlschrank gestellt werden. Erst dann rautenförmig anschneiden. Die Torte ist im Kühlschrank bis zu 1 Woche frisch und kann auch eingefroren werden.

»Meghrov Tort« ist ebenso wie »Napoleon Tort« (siehe Seite 225) ein weiteres Überbleibsel aus Armeniens sowjetischer Vergangenheit.

Auf Russisch wird die Schichttorte »Medovik« genannt und wurde der Legende nach im Russischen Reich von einem verliebten jungen Koch erfunden, um die schöne Kaiserin zu beeindrucken.

Mit der Gründung der Sowjetunion begann sich das Rezept in allen Sowjet-Ländern und im Ostblock zu verbreiten.

Dabei wandelten die Regionen im Laufe der Zeit das Rezept ab und entwickelten ihre jeweils eigenen Varianten. In der armenischen Version kommt etwa nicht saure Sahne, sondern gezuckerte Kondensmilch zum Einsatz.

Eines haben jedoch alle Varianten gemeinsam: Honig als wichtigste und geschmacksgebende Zutat.

Նապոլեոն տորթ
Napoleon Tort
Buttercreme-Schichttorte

vegetarisch

Für 15 Portionen

Zeitbedarf:
60 Minuten zubereiten
15–20 Minuten backen
3–8 Stunden ruhen lassen

Zutaten:

Für die Tortenböden:

5 Eier (Größe M)

2 EL Zucker

2 EL geschmolzene Butter

1 Prise Salz

½ TL Zitronensalz (alternativ 1 TL Salz vermischt mit 1 Msp. Zitronenabrieb)

750 ml lauwarmes Wasser

bis zu 1000 g Mehl + etwas Mehl für die Arbeitsfläche

400 g Butter (Raumtemperatur)

Für die Creme:

300 g Butter (Raumtemperatur)

1,5 Dosen Kondensmilch (à 400 g, Raumtemperatur)

1 Pck. Vanillinzucker

1. Für die Tortenböden Eier, Zucker, geschmolzene Butter, Salz und Zitronensalz in eine Schüssel geben. Nach und nach Wasser unterrühren und alles mit einem Handrührgerät gut verrühren. Das Mehl unterrühren, bis ein nicht klebriger, glatter Teig entsteht.
2. Die Tortenböden der Napoleon Tort bestehen aus selbstgemachtem Blätterteig. Dafür den Teig in 5 gleich große Teile schneiden. Auch die 400 g Butter in 5 (80 g schwere) Stücke aufteilen. Diese wiederum jeweils dritteln, sodass am Ende 15 gleich schwere Butterportionen bereitstehen.
3. Um die Butter in den Teig einzuarbeiten, zunächst eine der fünf Teigkugeln auf einer bemehlten Arbeitsfläche zu einem etwa 3 mm dünnen, möglichst quadratisch oder rechteckigen Teigfladen ausrollen. Den Teigfladen mit einer Butterportion bestreichen und die Ecken zur Mitte des Fladens falten. Das Teigpäckchen mit Frischhaltefolie abdecken und in den Kühlschrank legen. Diesen Prozess mit den verbliebenen 4 Teigkugeln wiederholen.
4. Das zuerst angefertigte Teigpäckchen aus dem Kühlschrank holen und auf einer leicht bemehlten Arbeitsfläche ausrollen. Erneut mit einer Butterportion bestreichen, zu einem Teigpäckchen falten und in den Kühlschrank geben. Insgesamt müssen alle Teigpäckchen 3-mal ausgerollt, mit Butter bestrichen und erneut zusammengefaltet werden. Nach drei Durchgängen sollte die Butter komplett in die 5 Teigpäckchen eingearbeitet sein.
5. Den Backofen auf 200 °C Ober-/Unterhitze (180 °C Umluft) vorheizen.
6. Die Fladen einzeln aus dem Kühlschrank holen und zur gewünschten Größe und Form ausrollen. Danach jeweils für 5–7 Minuten backen, bis der Teig leicht anbräunt.

→

7. In der Zwischenzeit die Creme anrühren. Dazu die weiche Butter in eine Schüssel geben und mit einem Handrührgerät schlagen. Nach und nach die Kondensmilch unterrühren. Den Vanillinzucker hinzufügen und verrühren, bis eine cremige Konsistenz entsteht.
8. Bevor die einzelnen Tortenböden mit der Creme bestrichen werden, sollten ihre Ränder noch angeglichen werden. Die dabei entstehenden Teigreste in einer Schüssel zerbröseln und beiseitelegen.
9. Die Tortenböden mit jeweils etwa 1 EL Creme bestreichen und aufeinanderschichten. Auch den obersten Tortenboden mit Creme bestreichen und zuletzt die Teigbrösel darübergeben.
10. Vor dem Servieren mehrere Stunden ruhen lassen (am besten über Nacht), damit die Tortenböden die Creme aufnehmen können.

Թռչնի կաթ

Trchni Kat

»Vogelmilch«-Torte

vegetarisch

Für 20 Portionen

Zeitbedarf:
60 Minuten zubereiten
8–12 Stunden ruhen lassen

Zutaten:

Für die Tortenböden:

4 Eier (Größe M)
375 g Zucker
1 Prise Salz
4 EL flüssiger Honig
8 EL Milch
1 gehäufter TL Backpulver
1½ EL Apfelessig
1000 g Mehl

Für die Creme:

5 EL Mehl
1 EL Speisestärke
750 ml Milch
390 g Zucker
300 g weiche Butter

Für die Glasur:

6 EL Backkakao
8 EL Milch
250 g Zucker
100 g kalte Butter
1 Pck. Vanillinzucker

1. Für die Tortenböden Eier aufschlagen, in einen Topf geben und verquirlen. Zucker, Salz, Honig, Milch, Backpulver und Apfelessig dazugeben und vermengen. Bei geringer Hitze unter ständigem Rühren erhitzen, bis die Masse leicht schäumt. Sobald sie sich leicht verfestigt und beginnt klebrig zu werden, den Topf vom Herd nehmen und Mehl dazugeben. Alles miteinander vermengen, sodass ein glatter, fester, nicht klebriger Teig entsteht. Diesen in 4 gleich große Kugeln aufteilen, auf Backpapier rechteckig mit einem Teigroller ausrollen.
2. Den Backofen auf 200 °C Ober-/Unterhitze (180 °C Umluft) vorheizen. Die Tortenböden darin für 5–7 Minuten goldbraun backen. Die fertigen Tortenböden abkühlen lassen.
3. Für die Creme Mehl, Speisestärke und Milch in einen Topf geben und zu einer glatten Masse mischen. Langsam erwärmen, bis sich die Mischung langsam verfestigt und sich Bläschen bilden. Den Topf vom Herd nehmen und 1 EL Zucker über die Creme streuen, damit sich beim Abkühlen keine Haut bildet. Den Topf abdecken und abkühlen lassen.
4. Restlichen Zucker und Butter in eine separate Schüssel geben und mit dem Handrührgerät miteinander vermengen. Die abgekühlte Milchmischung unterheben und alles zu einer weichen Creme mischen.
5. Creme auf den untersten Tortenboden auftragen. Den nächsten Boden darauf schichten, leicht andrücken und den Vorgang wiederholen, bis alle aufeinander geschichtet sind. Auf den obersten Tortenboden keine Creme verstreichen.
6. Für die Glasur Backkakao, Milch und Zucker in einen Topf geben. Bei geringer Hitze unter ständigem Rühren erwärmen. Wenn sich Bläschen bilden und die Konsistenz sirupartig wird, vom Herd nehmen, Butter hinzugeben und verrühren, damit sie schmilzt. Vanillinzucker hineinrühren.
7. Glasur auf die oberste Schicht auftragen, über Nacht im Kühlschrank ziehen lassen, sodass die Creme gut einziehen kann. Erst dann lässt sich die Torte gut anschneiden, da die Tortenböden aus einem relativ festen Teig bestehen.

Վարդի մուրաբա
Vardi Muraba
Rosenblütenkonfitüre

vegan

Für 3–4 Gläser

Zeitbedarf:
60 Minuten zubereiten
60 Minuten kochen
8 Stunden + 3 Stunden ruhen lassen

Zutaten:

200 g Rosenblüten (aromatische Sorten, wie Zentifolien oder Damaszener-Rosen; unbehandelt, frisch, rot und rosa)

1½ TL Zitronensalz (alternativ 1½ TL Salz vermischt mit 1 Msp. Zitronenabrieb)

250 g Zucker für die Vorbereitung der Rosenblätter + 750 g Zucker zum Einkochen

1. Rosenblätter aus den Blüten lösen. Den unteren, weißen Teil der Blütenblätter, an dem der Blütenstaub haftet, mit einer Schere abschneiden. Blütenblätter waschen und in einem Sieb gut abtropfen lassen.
2. Blütenblätter in eine Schüssel geben und Zitronensalz hinzufügen, damit die Rosenblätter beim Zubereiten der Marmelade ihre Farbe behalten. Vorsichtig vermischen und das Zitronensalz in die Blütenblätter einarbeiten. 250 g Zucker über die Blütenblätter geben und abgedeckt 8 Stunden oder über Nacht ruhen lassen, damit die Rosenblätter ihre Flüssigkeit abgeben.
3. In einem Topf 250 ml Wasser mit den restlichen 750 g Zucker vermischen und gut umrühren. Bei niedriger Hitze 10–15 Minuten kochen, bis Sirup entsteht. Rosenblätter mitsamt ihrer Flüssigkeit hinzugeben und bei weiterhin niedriger Hitze langsam aufkochen, das dauert etwa 30 Minuten. Den Schaum, der sich währenddessen auf der Oberfläche bildet, abschöpfen.
4. Sobald die Konfitüre köchelt, den Herd ausstellen und die Konfitüre für 2–3 Stunden ruhen lassen. Danach erneut bei niedriger Hitze erwärmen, bis die richtige Konsistenz erreicht ist: Die Rosenblätter sollten gut verteilt in der rosafarbenen, sirupartigen Flüssigkeit schwimmen.

Շարոց
Sharots
Walnuss-Weintrauben-Konfekt

vegan

Für 10–15 Portionen

Zeitbedarf:
1–1,5 Stunden zubereiten
6–7 Tage trocknen

Zutaten:

1 kg Walnusskerne mit Schale (alternativ Walnusshälften)

4 l Traubensaft (rot)

400 g Mehl

650 g Zucker

1 TL gem. Nelken

1 TL gem. Zimt

4–5 Kardamomkapseln

dünne Nadel

dünnes Küchengarn

Nudeltrockner zum Trocknen (Mindesthöhe 40 cm); alternativ sauberer Wäscheständer

1. Zur Vorbereitung die Walnusskerne zunächst vorsichtig knacken, sodass die Kernhälften möglichst intakt bleiben. Vom Küchengarn mehrere jeweils 40 cm lange Fäden abschneiden. Die Kerne mithilfe der Nadel darauf fädeln. Dazu das untere Ende mit einem festen Knoten sichern. Beim oberen Ende darauf achten, dass nach dem Auffädeln der Walnusskerne etwa 10 cm Faden frei bleiben, sodass das Sharots gut aufgehängt werden kann. Die Walnussketten aufhängen und 2 Tage bei Raumtemperatur trocknen lassen.
2. 1 l Traubensaft in eine große Schüssel geben. Mehl dazugeben und mit einem Schneebesen zu einer glatten Masse verrühren. Erneut 1 l Traubensaft hinzugeben und alles gut vermischen. Die Flüssigkeit durch ein Sieb in einen großen Topf geben und langsam erhitzen. Den restlichen Traubensaft, Zucker, Nelken, Zimt und Kardamomkapseln hinzufügen. Unter ständigem Rühren die Masse für etwa 25–30 Minuten zu einem Sirup mit puddingähnlicher Konsistenz kochen.
3. Einen Nudeltrockner an einem Ort, an dem er über die gesamte Trocknung stehen bleiben kann, bereitstellen. Ein Backblech o. Ä. darunterstellen, da die frisch mit Sirup überzogenen Sharots tropfen können.
4. Die Walnussketten in den warmen Sirup tauchen, sodass alle Kerne von der Flüssigkeit umschlossen sind, der überschüssige Faden am oberen Ende jedoch frei von Sirup bleibt. Die Walnusskette vorsichtig aus dem Sirup heben, kurz über dem Topf abtropfen lassen, für etwa 5 Minuten aufhängen und sie im Anschluss erneut in den Sirup tauchen. Den Vorgang mit allen Walnussketten wiederholen. Die fertigen Sharots für etwa 4–5 Tage trocknen lassen.

Dieser säuerlich-süße Walnuss-Snack gehört zu den beliebtesten Süßigkeiten in Armenien. Ausschlaggebend für den Geschmack ist der verwendete Sirup (»Shpot«). Neben Traubensirup werden zum Beispiel auch Aprikosen- oder Granatapfelsirup verwendet. Die häusliche Zubereitung ist eine zugegebenermaßen zeitaufwendige und klebrige Angelegenheit. Aber es lohnt sich! Nicht nur aufgrund des süß-sauren und nussigen Geschmacks, sondern weil das Konfekt in Folie verpackt lange Zeit im Kühlschrank haltbar ist.

GETRÄNKE

Ըմպելիքներ

Թան

Tan

Erfrischendes Joghurtgetränk

vegetarisch

Für 3–4 Portionen

Zeitbedarf:
10 Minuten zubereiten
60 Minuten kühlen

Zutaten:

½ Salatgurke

Petersilie (frisch, nach Belieben)

Koriander (frisch, nach Belieben)

Minze (frisch, nach Belieben)

250 g Joghurt

½ TL Salz

1. Gurke schälen und fein würfeln. Kräuter nach Vorliebe waschen, trocken schütteln, fein hacken und gemeinsam mit dem Joghurt in eine Karaffe geben. 250 ml Wasser hinzufügen, gut umrühren und nach Belieben salzen.
2. Den Tan für mindestens 1 Stunde kühlen, bevor er serviert wird.

Neben eiskalten Softdrinks und aromatischem Kompot (siehe Seite 236) gehört »Tan« zu den beliebtesten Erfrischungsgetränken an heißen Sommertagen. Die leicht salzig-säuerliche Note passt besonders gut zu pikanten Fleischspeisen wie beispielsweise »Lahmajo« (siehe Seite 89). Anstelle von frischen Kräutern können auch getrocknete Kräuter verwendet werden. Am besten schmeckt Tan gekühlt, er wird in der Regel in Tonbechern serviert, damit er länger kalt bleibt.

Կոմպոտ
Kompot
Fruchtgetränk mit ganzen Fruchtstücken

vegan

ergibt 1,5 Liter

Zeitbedarf:
20–30 Minuten
3 Stunden kühlen

Zutaten:

500–700 g reifes Obst einer Sorte (z. B. Aprikose, Pfirsich, Kirsche, Himbeere, Quitte o. Ä.)

100 g Zucker

1. Früchte abspülen und abtropfen lassen. Falls großes Steinobst wie Aprikose, Pfirsich o. Ä. verwendet wird, Früchte halbieren und Kerne entfernen. Kirschen oder Himbeeren hingegen können ganz gelassen werden. Kernobst wie Äpfel oder Quitten vierteln, Kerngehäuse und Stiel entfernen.
2. 2 l Wasser in einem großen Topf aufkochen, Zucker hinzugeben und unter Rühren auflösen lassen.
3. Hitze reduzieren, Früchte vorsichtig hineingeben und ohne Rühren bei niedriger Hitze kurz simmern lassen, bis sie weich sind, aber noch nicht zerfallen. Je nach Obstsorte dauert dies etwa 3–8 Minuten; bei Quitten mindestens 30 Minuten. Für die Garprobe mit einer Gabel in eine Frucht stechen. Gleitet sie sanft hinein, ist die Konsistenz richtig.
4. Kompott inklusive Fruchteinlage in eine hitzefeste Karaffe oder ein großes Einmachglas füllen, abdecken und auf Zimmertemperatur abkühlen lassen. Anschließend im Kühlschrank kalt werden lassen. Dort hält er sich rund 1 Woche. Kalt oder zimmerwarm servieren.

Während wir in Deutschland unter Kompott eine Süßspeise aus gekochtem Obst verstehen, ist dieses Kompott ein süßes Getränk mit ganzen Früchten. Es stammt aus Osteuropa und verbreitete sich in den vergangenen 200 Jahren und insbesondere in der Sowjetzeit auf dem Balkan, in Vorder- und Zentralasien, Russland und im Kaukasus. »Kompot« ist ideal, um reifes Obst der Saison zu verwerten. Wichtig ist, immer nur eine Obstsorte zu verwenden. Jedes Obst verleiht dem Getränk eine eigene Farbe: So färben Kirschen, Himbeeren oder Erdbeeren Kompott rosa bis tiefrot, während Aprikosen dem Ganzen einen zartgelben Ton geben. In der armenischen Esskultur ist Kompot eine beliebte alkoholfreie Begleitung zu Mahlzeiten, teilweise sogar beliebter als Fruchtsäfte oder Limonaden.

Dieses Rezept ergibt ein nur leicht süßes Kompot, Sie können aber den Zuckeranteil nach Geschmack erhöhen, gerade bei Früchten, die zwar reif sind, aber nicht allzu süß.

Wollen Sie Kompot stilecht genießen, geben Sie etwas von der Fruchteinlage zusammen mit der Flüssigkeit in Ihr Glas und snacken das weiche Obst, nachdem Sie das Getränk ausgetrunken haben.

DANKSAGUNG

Wir möchten all jenen danken, ohne die dieses Buch nicht möglich gewesen wäre.

Allen voran danken wir natürlich unseren Müttern Eva und Satik, die uns in den Monaten der Rezeptrecherche tatkräftig unterstützt haben: Sie erklärten uns in stundenlangen Telefonaten und Sprachnachrichten haarklein die Zubereitung diverser Gerichte, lasen uns aus den handschriftlichen Rezeptheften unserer Großmütter vor, wälzten und übersetzten alte sowjetische Kochbücher – und sie wurden zu Meisterinnen des Rezepte-Testens.

Wir danken euch von Herzen!

Մենք ձեզ շատ ենք սիրում:

Als Mutter kleiner Kinder ein Buchprojekt durchzuziehen, ist eine Herausforderung, daher geht ein besonders großes Dankeschön an Annas Mann Christoph und ihre beiden Kinder für bedingungslosen Rückhalt, unendliche Geduld und viel, viel Liebe natürlich.

Ein riesiges Dankeschön geht auch an Mariannas Partner Mani, der sie durch die lange Entstehungsphase von der ersten Idee zum Buch bis zur Zusage des Verlags immer wieder bestärkt und ihr während der Schreibphase den Rücken freigehalten hat.

Danke außerdem an unsere Freundinnen und Freunde, die uns in unterschiedlichsten Phasen dieses Buches mit Rat und Tat unterstützten und uns durch ihre Begeisterung für unser Projekt enorm motiviert haben, darunter Isabell Prophet für die zahllosen Telefonate, wertvollen Ratschläge und das immer ehrliche Feedback, sowie Martina Trommer für das großzügige und professionelle Testkochen und -backen einiger unserer schwierigsten Rezepte.

Außerdem möchten wir den vielen Menschen in Armenien danken, die uns bei unserer Recherchereise im Mai 2023 einen Einblick in ihr kulinarisches Handwerk gewährt haben: Familie Hovhannisyan vom Chir's House in Byurakan, Familie Mikayelyan von der Mikayelyan Family Farm in Gawar, Familie Abelyan vom Abelyan's House in Garni, Mariam Mughdusyan vom Masoor Art House in Jrvezh, sowie Mariam Saghatelyan von der In Vino-Weinbar in Yerevan.

Vielen Dank auch an Viktoria Celik und an Martin Brinkmann für das Vertrauen in unser Vorhaben.

Zuletzt möchten wir noch einen großen Dank an unsere Familien richten, denen es immer ein Anliegen war, uns die armenische Geschichte und Kultur nahezubringen. Für viele Kinder der Diaspora ist es keine Selbstverständlichkeit, eine derart große Verbundenheit zu Armenien zu entwickeln. Ohne euer mühevolles Engagement während unserer Kindheit und Jugend wäre dieses Buch nie entstanden.

Bibliografische Information der Deutschen Nationalbibliothek
Die Deutsche Nationalbibliothek verzeichnet diese Publikation in der Deutschen Nationalbibliografie. Detaillierte bibliografische Daten sind im Internet über https://dnb.de abrufbar.

Für Fragen und Anregungen
info@m-vg.de

Originalausgabe
2. Auflage 2024

Türkenstraße 89
80799 München
Tel.: 089 651285-0

Redaktion: Silke Panten und Caroline Kazianka
Umschlaggestaltung: Isabella Dorsch
Umschlagabbildungen und Rezeptfotos: Stephanie Just
Granatapfel-Symbol: Shutterstock.com/Olga S L
Abbildungen S. 4, 10, 13, 15, 17, 19, 21, 25, 27, 28, 78, 203, 233, 238: Marianna Deinyan
Autorinnenfoto S. 10: Knarik Gasparyan
Layout und Satz: inpunkt[w]o, Wilnsdorf (www.inpunktwo.de)
Druck: Firmengruppe APPL, aprinta Druck, Wemding
Printed in Germany

ISBN Print 978-3-7423-2475-7
ISBN E-Book (PDF) 978-3-7453-2253-8
ISBN E-Book (EPUB, Mobi) 978-3-7453-2254-5

Wir produzieren nachhaltig
www.m-vg.de

Weitere Informationen zum Verlag finden Sie unter
www.rivaverlag.de
Beachten Sie auch unsere weiteren Verlage unter www.m-vg.de